英雄たちの経営力

伊東 潤
Ito Jun

実業之日本社

英雄たちの経営力

はじめに

経営力とは何か。

このテーマは、企業経営者のみならず、企業や組織で働く者すべてが関心を持っていることではないだろうか。それゆえ当然のごとく、巷間《こうかん》には経営に関する書籍が溢れている。いわゆるビジネス書、啓蒙書、実用書などと呼ばれるジャンルの書籍だが、よほどのベストセラーにならない限り、瞬く間に書店店頭から消え去っていく。こうしたジャンルの本すべてに言えることだが、まさに「消費される」という言葉がしっくりくる。

かつて私は経営コンサルタントをしていたので、書店の店頭に溢れているビジネス関連の書籍、とくに経営指南書には、今でも関心がある。だが経営手法などというものは個々の企業ごとに異なるので、そのまま応用できるものは少ない。だから右から左へと、「なるほど」という言葉と共に流されていくのだ。

つまり成功者の経営手法に学ぶのは大いに結構だが、自社の土壌になじませるには何段階もの換骨奪胎《かんこつだったい》（Pivot）が必要になる。だとしたら歴史上の英雄や偉人から、その経営手法を学ぶことも可能ではないかと考えて書いたのが本書になる。

本書は、歴史上に傑出した業績を残した政治家や官僚たち十二人を取り上げ、その経営力を紹介していきたいと思う。

かつて文芸には史伝という分野があった。史伝とは、一言で言えば「歴史上の事実に基づいて書かれた伝記」となるが、そこから読者は教訓を汲み取り、自分の仕事や生活に生かしていった。古くは森鷗外や幸田露伴、昭和に入ってからは、『武将列伝』や『悪人列伝』の海音寺潮五郎や『古城秘話』や『大名廃絶録』の南條範夫が有名だ。また八〇年代から九〇年代にかけては、童門冬二、加来耕三、井沢元彦らが活躍したのは記憶に新しいはずだ。

彼らは小説ではなくノンフィクションという形式で、歴史上の人物から汲み取れる教訓を読者に示していった。

しかし昨今の歴史研究の隆盛によって、この分野は廃れてしまった。歴史好きは誰かのフィルターを通したものではなく、史実を知りたいからだ(私もそうだからよく分かる)。しかし誰もが、史実から仕事や生活に役立つ教訓を汲み取れるわけではない。歴史研究本を熟読しても、大半の人が情報を情報としてしか消化できないはずだ。

それゆえ史実や定説に従いながらも、そこから汲み取れることを「解釈」していく役割を誰かが果たさねばならない。

歴史研究に携わる先生方の仕事は、歴史研究分野においては貴重なものだ。だが経営という観点からはどうだろう。よく歴史番組で「企業で言えば云々」という喩《たと》え話をする人がいるが、そういう人ほど企業や組織が分かっておらず、一昔前の企業イメージの喩え話になっている。

例を挙げれば、比叡山焼き討ちについて、明智光秀が積極的だったという説が定説化してきているが、その証拠となる文書を読む限り、なるほどその通りだ。しかし考えてみてほしい。それまでの光秀の足跡や人間関係からすれば、比叡山焼き討ちに積極的だったというのは腑に落ちない。しかも二次史料だが、光秀が焼き討ちに反対していたというものもある。そこで考えられるのは、いったんは反対したものの、決定権者である信長が焼き討ちを決断したのだから、組織人としてそれに従うのは当然で、従うからには誰よりも成果を挙げようとしたのではないかということだ。

言い換えれば、ビジネス経験がない人には、こうした企業人や組織人の機微が分からない。おそらく光秀は「不本意ながら信長の命令に従った」のだろう。そして高い評価がほしかったので、積極的に取り組んだというあたりが真相に違いない。

こうした解釈は、歴史とビジネス双方に詳しい者でないと難しい。幸いにして私は外資系企業で二十二年も働き、その後もコンサルタントとして多くの企業の経営を見てきた。つまり歴史とビジネスをつなぐブリッジの役割を果たすのに、僭越《せんえつ》ながら適任という自負がある。

歴史から学ぶべきことは多い。だが歴史から学ぶには、それを自分のビジネスや立場に引き寄せる換骨奪胎力が必要になる。本書ではその換骨奪胎力を駆使しつつ、経営力という観点から、十二人の歴史上の人物の成功と挫折を見ていきたいと思う。最後まで読んでいただければ、必ずや多くの収穫があるだろう。

目次

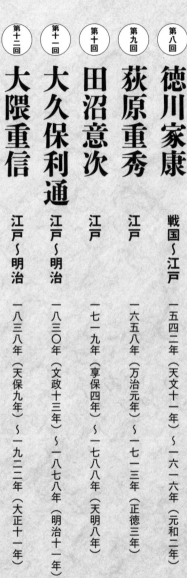

――飛鳥――

第一回

仏教を国教として国造りを進めた

蘇《そ》我《がの》馬《うま》子《こ》

?~六二六年(推古三十四年)

国家とは何か

こんな疑問を持つ人は極めて少ないだろう。国家とはあって当然のもので、その存在意義を考えたところで埒《らち》が明かないからだ。しかし考えてみてほしい。あなたが農耕民だと仮定して、自分と家族の命はもとより、土地や水利権を守ってくれる存在は、国家でなくてもよいのではないか。

それゆえ古代日本では、農耕という集団作業を行っていく上で、まず部族や村落という小さな共同体が生まれ、その中から皆を飢えさせないよう適切な判断が下せる者が長《おさ》に選ばれた。長は共同体を外敵から守ると同時に、自らの地位、特権、土地、財産などを子孫に受け継がせるために武力を持つようになり、それが豪族へと発展していく。

古墳時代（三世紀後半〜七世紀中盤）に入ると、大和《やまと》地方には、地域ごとに豪族が盤踞《ばんきょ》して勢力争いを繰り広げることになる。飛鳥《あすか》地方だけでも、大王《おおきみ》家、和珥《わに》氏、平郡《へぐり》氏、葛城《かずらき》氏、大伴《おおとも》氏、巨勢《こせ》氏、物部《もののべ》氏（河内国渋川郡が本拠か）、そして葛城氏から枝分かれした蘇我氏などが、それぞれの勢力圏を保持していた。そうした意味では、大王家も当初は豪族たちとさして変わらない位置にあった。

ちなみに天皇という呼称は天武帝以降なので、この時代は大王が正しい呼び名になる。

国家体制の整備

六世紀に入ると、大和国（学術的呼び名はヤマト王権）は大王を頂点にした連合国家の様相を呈すようになる。その統治機構は、経済と外交を担当する大臣《おおおみ》と軍事と裁判を担当する大連《おおむらじ》が中心になる。一説に大臣家を創設したのは、本稿の主人公の蘇我馬子の父の稲目《いなめ》で、稲目が初代大臣になったとされる。

大臣とは群臣の頂点に立ち、彼らの意見をまとめて大王に伝える役で、稲目一人がその職に任じられている。それに次ぐのが大臣とほぼ同格の大連で、残る群臣は大夫《まえつきみ》と呼ばれ、大臣と大連よりも一段下がった位置付けになる。

ちなみに大和国の氏姓制度は、血族を表す氏《うじ》と政権内の地位（氏族の称号）を表す姓《かばね》から成っていた。臣と連は姓にあたり、六世紀半ばの欽明《きんめい》大王の時代には、臣の長の大臣には稲目が、連の長にあたる大連には物部尾輿《おこし》が就いていた。

さらに政務（実務）と祭祀を担当する伴造《とものみやつこ》（主に渡来人系氏族）が大連の下に置かれ、地方には貢物《こうもつ》を収納させる役所となる国造《くにのみやつこ》、県主《あがたぬし》、稲置《いなぎ》（屯倉《みやけ》の管理役）、地方担当の伴造が置かれた。

大臣の稲目は国家運営のための資金調達をすべく、屯倉を拡大させた。屯倉とは、大王に服属した地方豪族である国造らの支配地に設けられた貢納地のことだ。この制度自体を考案したのが稲目だという説もある。

それまでは、国造の自由裁量に任せて貢物を受け取っていた大王一族と朝廷だったが、屯倉の設置により一定の収入が見込めるようになり、国家予算が組めるようになった。しかもこの制度を統括するのは稲目であり、貢物が朝廷に納入される前に、蘇我氏が経費として一定の利鞘を抜くこともできた。

蘇我氏は、五世紀末頃までは国家の財産を管理し、財務を担当する一氏族の域を出なかったが、葛城氏や平群氏といった有力氏族が大王家との確執によって没落していったことで、六世紀には大伴氏と物部氏と並ぶ有力氏族となった。

欽明の時代（六世紀中盤）になると、大伴氏が没落することで、蘇我稲目と物部尾輿の二頭体制が定着する。しかし二人の娘を欽明の妃に据えた稲目は、次第に独走態勢を築き始める。

蘇我氏・物部氏家系図

※数字は天皇代

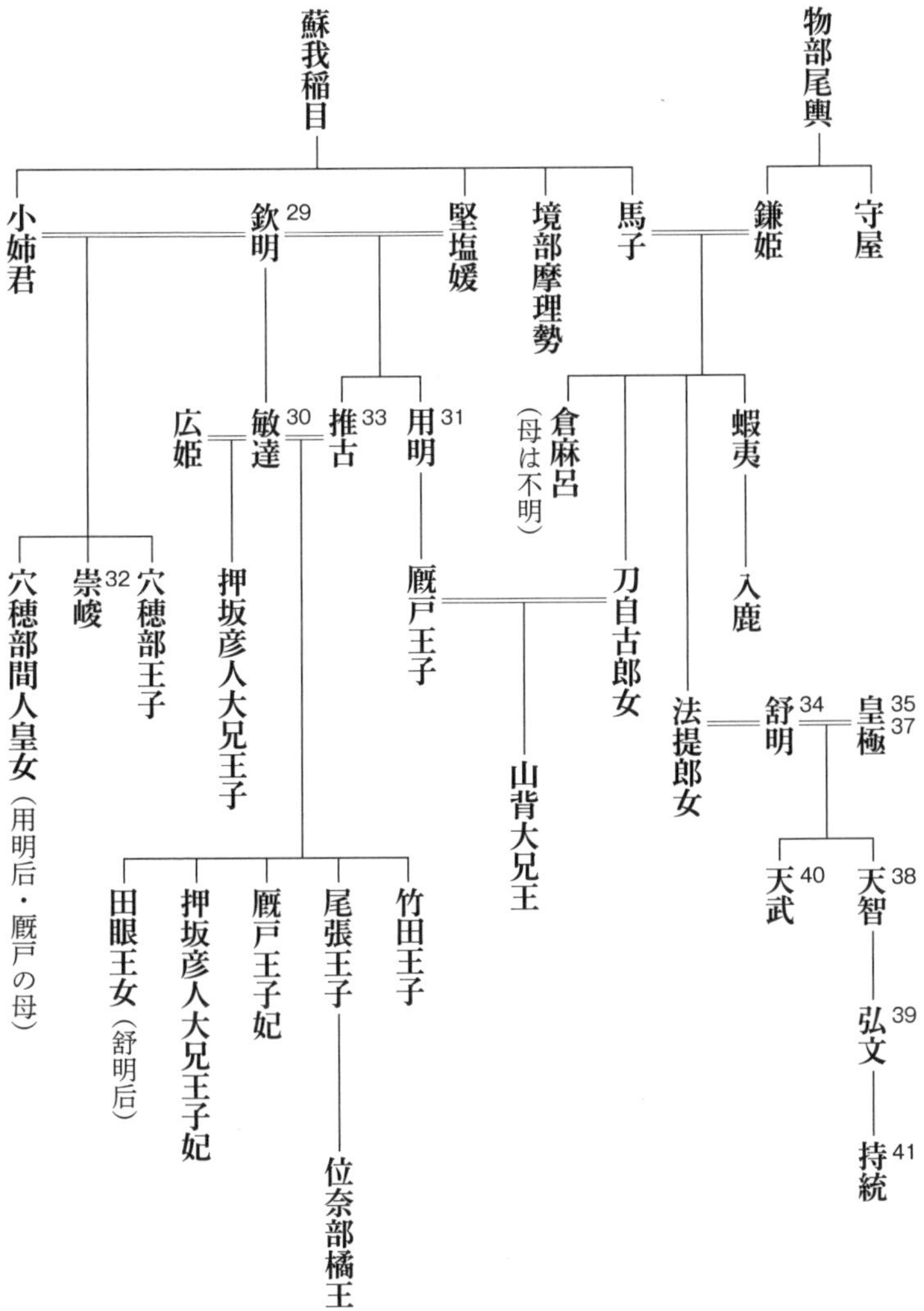

渡来人の功績

蘇我氏の勢力拡大の原動力となったのは、婚姻策だけではない。東漢《やまとのあや》氏や秦《はた》氏といった渡来人系氏族の管理を託されることで、大陸の進んだ技術や知識を占有できたのも大きかった。渡来人とは中国大陸と朝鮮半島から大和国に渡ってきた人々のことで、高度な知識と技術力を持ち、大和国の発展に多大な貢献を果たした。

また渡来人は独自の伝手《つて》を使って朝鮮半島南部でしか採れない鉄鉱石を輸入し、鍛錬して鋤《すき》や鍬《くわ》といった鉄器の生産を行った。また灌漑水路工事の方法、馬の飼育法、乾田法《かんでんほう》、須恵器《すえき》の製造法といったものから、仏教の教義や古典文献、国家の蔵や戸籍の管理といった書記（事務）の方法に至るまで、大陸や半島の文物を大和国に伝えていった。

とくに軍事技術は、刀剣や甲冑《かっちゅう》といった鉄製兵器の生産から兵団の運用まで、渡来人たちが圧倒的優位を築いていた。当時の戦いは集団での騎射戦が中心だったので、鉄の強みを生かし、決定的局面での集団突撃戦法といったものを編み出していった。

すなわち稲目は渡来人集団をその管理下に置いたため、激しい戦闘が続く中で発達してきた半島の戦術・戦法から武具の製作法までをも、自らのものにできたのだ。

こうしたことから稲目には、経営者に必須の先見の明があったと言えるだろう。

これが蘇我氏の勢力拡大の最大要因になるが、むろん「たまたまそうなった」のではなく、稲目・馬子父子による独占の意図があったに違いない。

また渡来人たちは情報も握っていた。彼らは独自の伝手を使い、高句麗《こうくり》・新羅《しらぎ》・百済《くだら》三国と大陸国家の情勢を把握し、的確な助言をする外交顧問的な役割も果たした。しかし彼らの大半が百済出身ということもあり、百済寄りの政策に傾くきらいはあった。これが後に百済重視の外交方針を貫き、唐・新羅連合と敵対することで、白村江《はくそんこう》の敗戦に結び付いたのは周知の通りだ。その点では、百済人にうまく取り込まれたと言えるだろう。

大陸の情勢

古墳時代の大陸の情勢についても触れておこう。

高句麗・新羅・百済三国による朝鮮の「三国時代」は三世紀頃から続いていたが、半島の東北部から満州の一部までを押さえた高句麗が、ほかの二国に比べて強盛だった。

仏教の伝来が三国の中で最も早かった高句麗は、いち早く土俗信仰を捨てることができ、仏教によって民心の統一を成し遂げ、半島の制覇を目指すようになる。

一方、六世紀半ば、百済は新羅と結んで高句麗軍を撃破し、占領されていた漢江流域を奪還した。だが新羅は占領地を百済に返さない。というのも、地味に乏しい半島の東南部を本領とする新羅にとって、中国王朝との交易窓口にあたる漢江河口を領有するのは、長年の念願だったからだ。これに怒った百済は新羅と断交し、それまで戦っていた高句麗と手を結び、新羅に対抗していくことになる。

欽明率いる大和国も、百済に与《くみ》して半島の騒乱に介入していった。というのも、半島南部で産出される鉄鉱石および鉄製品を安定的に供給してもらう必要があったからだ。

六世紀後半、勢力を伸長させた新羅は「六加耶《かや》」と呼ばれていた半東南部の加耶諸国を滅ぼし、百済を圧迫する。この時、大和国も任那《みまな》国府を失った。

この「六加耶」ないしは「大加耶連盟」というのは地域国家というより産業国家で、鉄の産出地に自然発生的に成立し、互いに侵略せずに協調していくという稀有な存在だった。その中に、任那という独立国家ないしは組織があった。ちなみに昭和の頃まで、任那は国家だったと言われてきたが、今日では、完全な国家とは言い切れないというのが定説となっている。つまり大和国の出先機関や駐屯地と考えるべきだろう。

大和国にとって任那国府は出兵拠点であると同時に交易拠点であり、とくに農耕と武力を支える鉄の輸入が止まったことは大打撃となった。それゆえ欽明は、大和国の死活問題として任那国府の回復を遺詔《いしょう》（現役大王や天皇の遺言）とした。

こうした大陸と半島情勢の悪化は、百済との関係を重視する大和国にとっても頭の痛い問題だった。しかも隋《ずい》を滅ぼした唐が大帝国を築き、新羅と結ぶことで、侵攻は現実のものとなってきた。

仏教を軸にした国家像の構築

現代の企業に大切なのがビジョンである。ビジョンなくして社員を牽引することはできないと言っても過言ではないだろう。それは古代国家も同じで、それぞれの利益しか考えない諸豪族を束ねていくためには、軸となるビジョンが必要だった。

弥生時代から古墳時代にかけて統一政権らしきものが誕生し、国家という器はできたが、諸豪族の国家意識は低く、相変わらず猫の額のような土地や水をめぐって争いを繰り広げていた。

そうした中、仏教が伝来する。それを国教にしようとしたのが稲目だった。つまり稲目は、ロールモデルを高句麗に求めたと言える。先行している企業があれば、それを利用ないしは応用するのも経営力である。まさに蘇我氏は高句麗の手法に倣ったと言える。

すなわち稲目は、仏教という先進的な思想を日本に広めることで知識階級を取り込み、また民衆も含めた誰もが共通する神を崇拝することで、豪族たちの意識を敵対から共生へと切り変えていこうとした。いわば戦国時代に流行した茶の湯のように、豪族たちの荒ぶる心を仏教によって鎮めようとしたのだ。

稲目は仏教の世界観の素晴らしさを壮麗な建築物として示した上で、僧侶の講話を聞かせることで、仏教が興隆・浸透すると確信していた。おそらくこうした方法論は、渡来僧から聞いたのだろう。しっかりと仏教敷衍《ふえん》のロードマップまで作っていたところが、稲目の非凡さを表している。

稲目の根回しにより、百済の高僧から仏教の法理を説かれた欽明は、その精巧な理論に惹《ひ》かれ、仏教の受容を群臣に諮《はか》った。だが「わが国固有の神祇《じんぎ》を祀るべき大王が蕃神《ばんしん》を礼拝《らいはい》すれば、古来の神々は怒る」という物部尾輿や中臣御食子《なかとみのみけこ》らの意見を聞き入れ、稲目個人が礼拝することは許すが、国教にはできないという判断を下した。

なぜ物部氏と中臣氏が仏教を拒否したのかは、仏教が国家の祭祀を司る彼らの利権を侵すものだったからだ。

すなわち物部氏は軍事・警察・刑罰執行権を管掌していただけでなく、死者の霊魂を慰撫《いぶ》する職務を兼ねていたことから、「祟《たた》り」を抑える祭祀を司っていた。また中臣氏は宮廷の祭祀、すなわち「百八十神《ももやそがみ》」の祭祀を一手に担っており、神々の祟りを和らげ鎮めるという重大な使命を帯びていた。すなわち朝廷の神事と祭祀を司るという立場から、仏教の国教化に強く反対した。そうした立場が蘇我氏との対立を生んでいく。

いつの時代も、新たな思想や価値観は守旧勢力との軋轢《あつれき》を生む。そこには既得権益が絡んでいるからだ。それをいかに打破していくかに経営者の手腕が掛かっている。

結局、欽明は仏教を全面的に拒否するのではなく、国教とはしないが祭祀は継続するという方針に決する。それゆえ稲目は仏教の祭祀（主宰と管理）を任され、仏教と共に入ってくる知識や技術を独占することができた。世の中は何が幸いするか分からない。

そして稲目の考える仏教を軸とした国家像の実現は、息子の馬子に託される。

馬子の登場と抵抗勢力の排除

こうした時代背景を経て、馬子は表舞台に登場する。

国内では、欽明と稲目が死去することで、国家の舵取りは次の大王の敏達《びだつ》、馬子、物部守屋《もりや》の三人に握られた。ちなみに後に馬子と共に二人三脚で国家を牽引していく推古《すいこ》は、敏達の后であり、政治に関与してくるのは敏達の死後になる。

新体制発足当初、馬子は守屋との関係を重視し、守屋の妹を妻に迎え、さらに守屋を自分と同格の大臣とすることで、融和策を取ろうとした。だが五八五年、敏達が崩御し、崇仏派の用《よう》明《めい》が即位すると、危機感を抱いた守屋は馬子との対立姿勢を深めていく。しかも中臣勝海《かつみ》、穴《あな》穂《ほ》部《べ》王子、宅部《やかべ》王子といった与党が様々な理由で殺されたことで、群臣の多くが崇仏に傾き、最終的に孤立した守屋は本拠の河内国に引き籠もる。むろんその陰では、馬子の巧妙な与党工作があったに違いない。

ここまで周到に地ならしした後、馬子は守屋討伐の兵を挙げる。この時、大王家の人々はこぞって馬子を支持した。その中には用明の一子・厩戸《うまやと》王子（聖徳太子）もいた。

国家の軍事力を司っていた物部氏は強敵だったが、馬子は総力戦で守屋を倒し、仏教を国教とすることに成功する。同時に朝廷の実権も掌握し、馬子の独裁制が確立される。

用明の死後、馬子は欽明と馬子の姉の間に生まれた崇峻《すしゅん》を大王の座に就けると、法興寺（後の飛鳥寺）をはじめとした寺院の造営や建立を進め、七世紀前半までに三十以上の寺院を造営ないしは建立した。だが崇峻は傀儡《かいらい》に収まらず、独自路線を歩み始めたことで、双方の対立は深まり、遂に馬子は崇峻を謀殺する。

馬子は、今度こそ傀儡となり得る大王を即位させたかった。だが適齢期に達する蘇我氏系の王子がいない時期でもあり、馬子は前例のない女帝を擁立する。それが敏達の后で馬子の姪にあたる推古だ。

経営者には、発想の転換が必須だ。大王は男性という固定観念を打破し、女性に大王の道を開いたことは、馬子の功績の一つだろう。むろんそれは自らの権力を強化するためだったが、女帝側にも、自らの子が適齢期に達するまで中継ぎとして皇統を守るというメリットがあった。

推古はわが子の竹田王子に王位を継がせたかった。だが竹田は子供だったので、自分が中継ぎとなり、将来的に竹田に王位を引き継がせようとしたのだ。

当時、次代の王位は現役の王に決定権があったので、この後も自分の血を王統に残したいという理由で、女帝が即位することが多くなる。

いずれにせよ日本最初の女帝推古が誕生する。

男性でなければ王位に就けないという伝統を、馬子は軽々と破った。こうした既成概念の打破も、平清盛や織田信長といった時代の牽引者にありがちなことだ。

だが、不幸にして竹田王子は夭折《ようせつ》する。推古のもう一人の息子の尾張王子は、何らかの理由で王位継承者とされていない。かくして馬子と推古は、用明の王子で十九歳の厩戸王子を後継者候補筆頭とする。厩戸は優秀なこと比類なく、また蘇我氏の血を引いている上、敬虔《けいけん》な仏教徒でもあったので、馬子も全く異存はなかった。

かくして、推古を馬子と厩戸が支えるというトロイカ体制（三頭体制）が確立される。

トロイカ体制による国家経営

後継者選びという点で、馬子に全く不安はなかった。厩戸ほどの適任者はいないからだ。ただし馬子には、国家を安定させるだけでなく、蘇我家も繁栄させたいという願いがあった。厩戸が蘇我氏の後継者の蝦夷《えみし》とうまくやっていければ、その点でも申し分なかったはずだ。

推古元年（五九三）、厩戸は推古大王の摂政《せっしょう》に就任し、辣腕《らつわん》を振るい始める。この時、厩戸は二十歳、推古は四十歳、馬子は四十三歳になる。つまり推古と馬子が衰えたとは言い切れない年齢なので、「冠位十二階の制定」「憲法十七条の制定」「遣隋使の派遣」「朝鮮半島の権益確保（新羅との戦い）」「史書の編纂《へんさん》」といった厩戸の功績が、すべて厩戸の単独作業とは言い切れないのは事実だ。少なくとも仏教を軸とした国家像の構築＝仏教文化の興隆は、馬子が着手したものを厩戸が完成させたと考えるべきだろう。

現在、これらのことが厩戸単独の功績と言われるのには、ある理由がある。後に編纂される

『日本書紀』が藤原氏（中臣氏）の手になるものなので、蘇我氏の功績を抹殺したいという意思が働いたからだ（推古も蘇我氏系）。

年齢的にも、厩戸の仕事に推古と馬子が関与しなかったとは考え難く、三人の共同作業だったと理解するのが妥当だろう。例えば、推古＝明治天皇、馬子＝大久保利通、厩戸＝大隈重信といった関係性を想起してほしい。つまり厩戸は実務家であり、計画を立案したり、草案を具現化（明文化）したりするのに長けていたのではないだろうか。

こうした集団指導体制が強さを発揮するのは、それぞれが別の強みを有している時で、初期の明治政府で木戸孝允《たかよし》が十分に能力を発揮できなかった理由も、政治家としての特性が、大久保利通と共通していたからだろう。

企業経営も同じで、トロイカ体制を取るにしても、営業・技術・経理といった別々の分野で頭角を現した者どうしだとうまく行くが、同じ分野の出身だと、たいていは失敗する。張り合ってしまうので補完関係が築けないのだ。

話は戻るが、この完璧に思えるトロイカ体制も、厩戸が飛鳥から北に十五キロメートルも離れた斑鳩宮《いかるがのみや》に新たな都とも呼べるものを築き始めることで、不穏な空気が漂い始める。

これは明らかに新たな権力基盤を築こうとする動きで、それが蘇我氏の権益を侵すものではないとしても、飛鳥の求心力を高めていこうとしていた馬子の方針に反するので、確執が生まれるのは当然だった。

仏教をめぐる蘇我氏×物部氏の対立構図

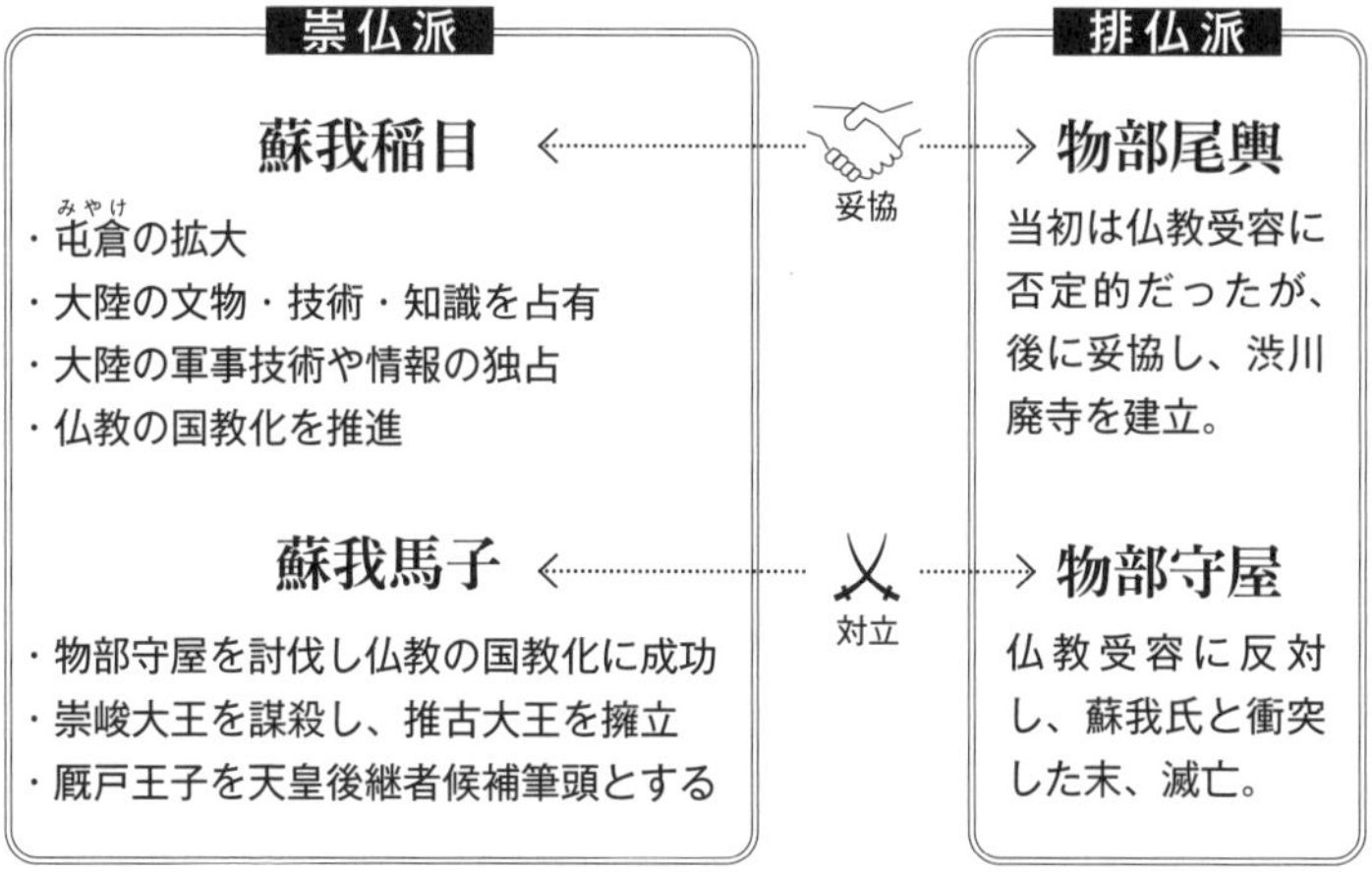
崇仏派
蘇我稲目
・屯倉《みやけ》の拡大
・大陸の文物・技術・知識を占有
・大陸の軍事技術や情報の独占
・仏教の国教化を推進
蘇我馬子
・物部守屋を討伐し仏教の国教化に成功
・崇峻大王を謀殺し、推古大王を擁立
・厩戸王子を天皇後継者候補筆頭とする
妥協
対立
排仏派
物部尾輿
当初は仏教受容に否定的だったが、後に妥協し、渋川廃寺を建立。
物部守屋
仏教受容に反対し、蘇我氏と衝突した末、滅亡。

三位一体の国家経営体制

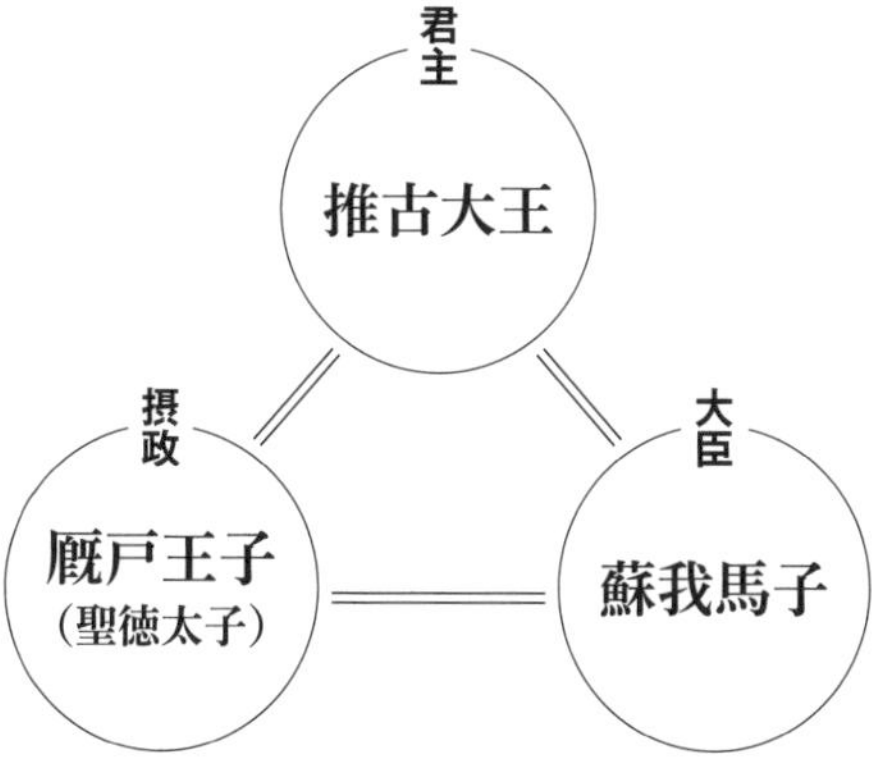
君主
推古大王
摂政
厩戸王子
(聖徳太子)
大臣
蘇我馬子

推古と厩戸の関係もぎくしゃくしていた。本来なら推古は数年で退位し、厩戸に王位を譲るべきだが、推古は実に三十六年にわたって王位に就いていた。

その理由は定かでないが、馬子が推古を退位させなかった可能性はある。つまり馬子は厩戸を王位に就けてしまうと、蘇我氏が存亡の危機に立たされると思っていたのかもしれない。

トロイカ体制の終焉

だが斑鳩宮に移った厩戸は政治の第一線から身を引き、仏教研究に熱中する。権力闘争に嫌気が差したのかもしれないが、おそらく蘇我氏と正面から張り合う愚を避けるため、おとなしくしていようとでも思ったのだろう。時間を味方にしているのは厩戸だからだ。このあたりの関係は、馬子＝徳川家康、厩戸＝豊臣秀頼に似ている。

ところが推古三十年（六二二）、厩戸が急逝する。四十九歳の若さだった。状況からして暗殺の可能性は低いと思われる。なぜかと言えば、厩戸は暗殺を恐れたのか、斑鳩からあまり出なかったからだ。

これですべての権力を馬子が取り戻したものの、馬子自身にも衰えが目立ち始めていた。厩戸が死去した時、馬子は七十二歳なのだ。今なら九十歳くらいの感覚だろう。

推古と馬子の関係も良好とは言えず、推古三十二年（六二四）には、蘇我氏の墳墓の地である葛城県を譲ってくれという馬子の要請を推古が拒否することで、確執が生まれていた可能性がある。

その二年後、馬子にも死が訪れる。享年は七十六だった。さらにその二年後、推古も七十五歳で世を去ることになる。王位は本命視されていた厩戸王子の息子の山背大兄王《やましろのおおえのおう》ではなく、田村王子すなわち舒明《じょめい》天皇に引き継がれる。

蘇我氏の家督（氏長者の座）は蝦夷、そして入鹿《いるか》へと継承され、蘇我氏の独裁体制が確立していく。さらに入鹿は山背大兄王の上宮《じょうぐう》王家を滅ぼすことで、厩戸王子の血脈を断つことまでする。そこまでしたのは、父祖の代から続く宿怨があったからに違いない。

最大の敵と目される上宮王家を滅ぼしたことで、蘇我氏の権力基盤は盤石となる。だがそれも長くは続かない。皇極《こうぎょく》四年（六四五）、中大兄皇子《なかのおおえのおうじ》と中臣鎌足《かまたり》による政変「乙巳《いっし》の変」により、蘇我氏嫡流は一瞬にして滅ぼされる。馬子の死から、わずか二十年後のことだった。

蘇我氏四代の功績

稲目―馬子―蝦夷―入鹿と続いた蘇我氏四代は敬虔な仏教徒だったが、その本質は現実主義者だった。彼らは仏教を国教にした国家の構築と、自家の繁栄という二つの目標を見事に達成した。とくに幾多の苦難を乗り越え、馬子によって国教となった仏教は、その後の日本人の精神基盤となっていく。
仏教の世界観で重要なのは四民平等思想で、後のデモクラシー思想と共通性があることが日本にとっては幸いした。中国や韓国は儒教が主流になったことで、男女や貧富による差別意識が根強くあり、それがデモクラシーの導入を遅らせ、近代化への足枷《あしかせ》となったのは周知の通りだ。

一方、日本では、仏教思想が独自の発達を遂げ、差別が悪いものと規定されていったことで、明治維新の際にデモクラシーの導入が比較的容易で、一気に近代化を図れたと言えるだろう。そういう意味で、日本を仏教国家にした蘇我氏四代の功績は偉大だとしか言えない。

最後に馬子の経営力を検証してみたい。その功績の中には父稲目のものもあるが、稲目の構想を馬子が実現したと解釈させていただく。

まず企画構想力は満点に近い。「国家のため」という志の高さや先見の明、そして功績も申し分ない。ただし蘇我氏による国家権力の独占という点はマイナスであり、その独裁体制をまねようとした孫の入鹿がクーデターを起こされた事実からも、独裁や独占が強い反感を買うことを証明している。

今日でも企業と創業家の確執がしばしばあるが、それを馬子の子孫たちが克服できなかったことで、蘇我氏は滅んだと言っても過言ではないだろう。

蘇我馬子の経営力

評価チャート

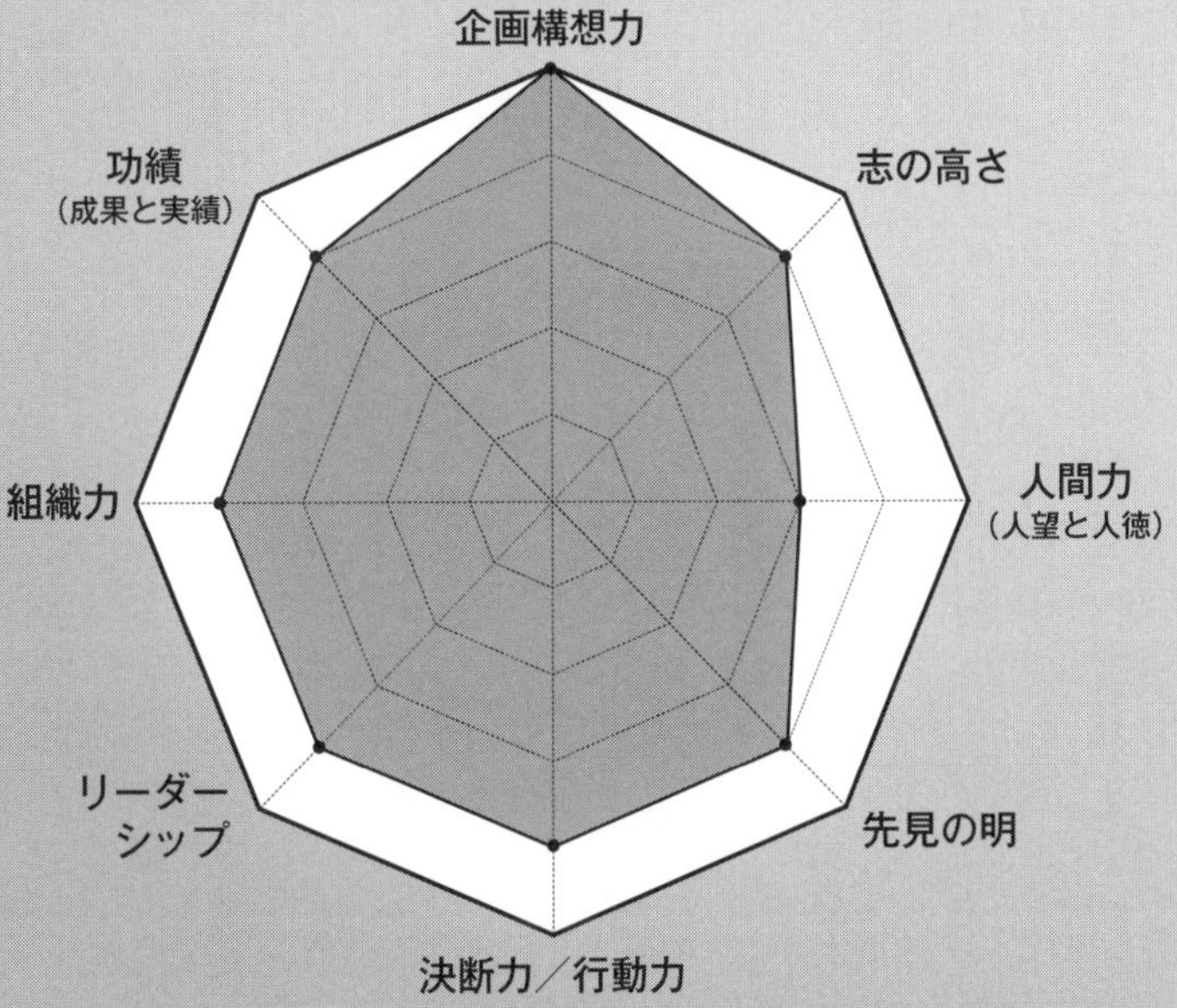

総合評点

32点／40

※各評価項目を5点満点として
全評点を合算（40点満点）

第二回

白《しら》河《かわ》上《じょう》皇《こう》

富と権力を集中させる〝院政〟システムを確立

一〇五三年（天喜元年）〜一一二九年（大治四年）

――平安――

古代から中世へ

「賀茂川の水、双六の賽《さい》、山法師（比叡山延暦寺の僧兵）、これぞわが心にかなわぬもの（思い通りにならないもの）」と言ったとされる白河上皇は、それ以外のものはすべて思いのままになるほどの独裁体制を確立した。その権力の源泉は財力だった。

本稿では、白河上皇が「荘園や公領の収取《しゅうしゅ》体系」をいかに築いていったかを概括し、なぜ院政という独裁体制を築くに至ったかを考えていきたい。

中世的な社会・経済システムが構築されたのは、平安時代後期の院政期と言われる。そもそもヤマト王権（大和国）や飛鳥王朝を引き継いだ古代国家日本には、律令制度が導入されていたとはいえ、中央集権的な要素が弱く、畿内の一部地域を除けば、地方豪族に交易や貢物の収《しゅう》受《じゅ》を任せるしかなかった。すなわち豪族たちの勢力圏には、中央政府の威令が届きにくく、地方の行政府たる国府を設置したとはいえ、地域の統治全般を豪族に託さざるを得なかったのだ。すなわち平安時代中頃までは、いかに迅速に効率よく実物貢納経済を実現するかに主眼が置かれ、豪族ごとの独自のやり方に国府や中央政府が従わざるを得ない側面があった。また豪族たちの不正も横行し、中央政府に貢納される作物や産品も、何がどのくらい、いつ来るかなど予測できない状態だった。

中央政府に集まる富が予測できないとなると、国家予算が立てられず、大規模土木工事や国軍の編制もままならない。

そうしたものを打破し、中央集権制すなわち「各地の貢納物を中央政府が一元的に吸い上げるシステム」を確立したのが院政であり、白河上皇なのだ。

荘園制とその抜け道

平安時代の国内政治を動かしていたのも外圧だった。ヤマト王権は白村江《はくそんこう》の戦いで大敗を喫したことで、唐・新羅《しらぎ》連合軍の侵攻という脅威に晒されることになった。ところが軍事力は諸豪族に依存しており、ヤマト王権は国軍というものを持たなかった。つまり陣触れに応じるも、兵の進退もすべて豪族の長に依存しており、これほど不安定な国家はなかった。例えば、国家の概念が曖昧な当時、九州の諸豪族が唐に味方するという事態も十分に考えられたのだ。

そこで天皇に権力を集中し、「天皇の兵」を養うためにも、中央集権国家を打ち立てねばならなかった。そのために最初に行ったのが、全国の土地と人民を天皇家の所有にすることだった。これを公地公民制という。続いて全国一律の徴税基準を設けた。これが民に口分田《くぶんでん》を与えるための班田収授法である。これにより戸籍が整備され、徴税の仕組みも整った。これらの諸制度が、「大宝律令」を起源とした律令制によって確立されていったのは周知の通りだ。

しかしこうした一方的な政策に、当然のように既得権益層、すなわち豪族たちは反発する。そこで豪族を中央に集めて貴族とし、持っていた土地の広さや収穫高に応じて位階を決め、それに応じて富を配分した。言葉で言えば簡単だが、これは明治維新期の版籍奉還や廃藩置県のような大改革だった。

かくして地方の富を中央に吸い上げる仕組みが、曲がりなりにも整った。その徴税の仕組みは国―郡―郷という階層構造を成しており、国から派遣された国司の下で、郡司や郷司《ごうじ》に任命された在地の小豪族たちが、農民に収穫を納めさせるという仕組みが確立されたことになる。

だが当時の日本は湿地帯や荒蕪地《こうぶち》が多く、収穫は思うに任せない。そこで富を増やしていくには、新たに土地を開墾せねばならない。そこで政府は、新たに開墾した耕地の租税を減免する特例措置を発布した。

いつの時代もそうだが、こうした特例こそ法制度の抜け穴になる。この特例に乗じた公家や権門《けんもん》寺院は、人を集めて大規模な開墾をさせた。これが初期の荘園になっていく。

結局、この特例により公地公民制はなし崩しになり、免税特権を持つ私有地が各地に広がっていった。

一方、朝廷の官人たちは、それを阻止しようとする。だが公家や寺院は、免税特権のある土地を取り上げられてはたまらない。そこで都の支配階級と地方の有力者たちが癒着していく。それが「寄進」と呼ばれる賄賂である。そうなれば置き去りにされるのは国司だ。当然、国司は国司で有力者を頼って自らの利益を確保しようとするので、公地公民制を守る者はいなくなり、中央の有力者や寺社に富が集まっていく。

こうした経緯で生まれた「寄進地系荘園」が、土地の大半を占めていく。

後三条上皇は院政をしたのか

こうした荘園の成長過程が、院政にも大きくかかわってくる。なぜかと言えば、公地公民制を破壊されて最も困るのは天皇だからだ。律令制の建て前は公地公民制なので、天皇は私有財産を所有することができない。しかし有力公家や権門寺院は勝手に荘園を持ち、天皇家よりも豊かになろうとしている。

「これほどの理不尽があってたまるか」と天皇が思ってもおかしくない。

治暦《じりゃく》四年（一〇六八）に即位した後三条天皇がそうだった。後三条は手続きに不備があったり、所有権があいまいだったりした荘園を摘発し、それを国家のものとした（「延久《えんきゅう》の荘園整理令」）。これにより公領すなわち国衙《こくが》領が増え、国庫は潤っていく。だが抵抗勢力によって後三条は退位を余儀なくされ、この改革は道半ばで頓挫する。

後三条が退位した理由は、有力公家や権門寺院といった既得権益層との確執からだとされてきたが、様々な説がある。昨今有力なのは、皇位を自らの息子に継承させるために自ら退位したという説だが、自然災害が相次いだことに責任を感じた、また執務に差し支えるほど病気が進行したという説もある。おそらくこれらの複合的要因からだと思う。

院政は、応徳《おうとく》三年（一〇八六）に白河天皇が堀河天皇に譲位して始めたというのが定説だが、それ以前の延久四年（一〇七二）、後三条天皇が白河天皇に譲位して始めたという説もある。だが後三条は譲位後、わずか五カ月でこの世を去るので、上皇としての事績がほとんどなく、院政という概念を考えついていたかどうかは微妙だ。

そもそも院政というのは、天皇という地位のままでは私有地、すなわち荘園が持てないので、上皇になって公地公民制の頸木《くびき》から逃れるために始められたもので、公地公民制の原則を取り戻そうとした後三条の方針とは矛盾してくる。つまり後三条は、院政によるメリットを考えていなかったと結論付けられるだろう。

白河上皇の逆転の発想

何かを変革しようとする者は反発を食らう。荘園による利権構造を築いた者たち、すなわち

天皇家略系図

※数字は天皇代

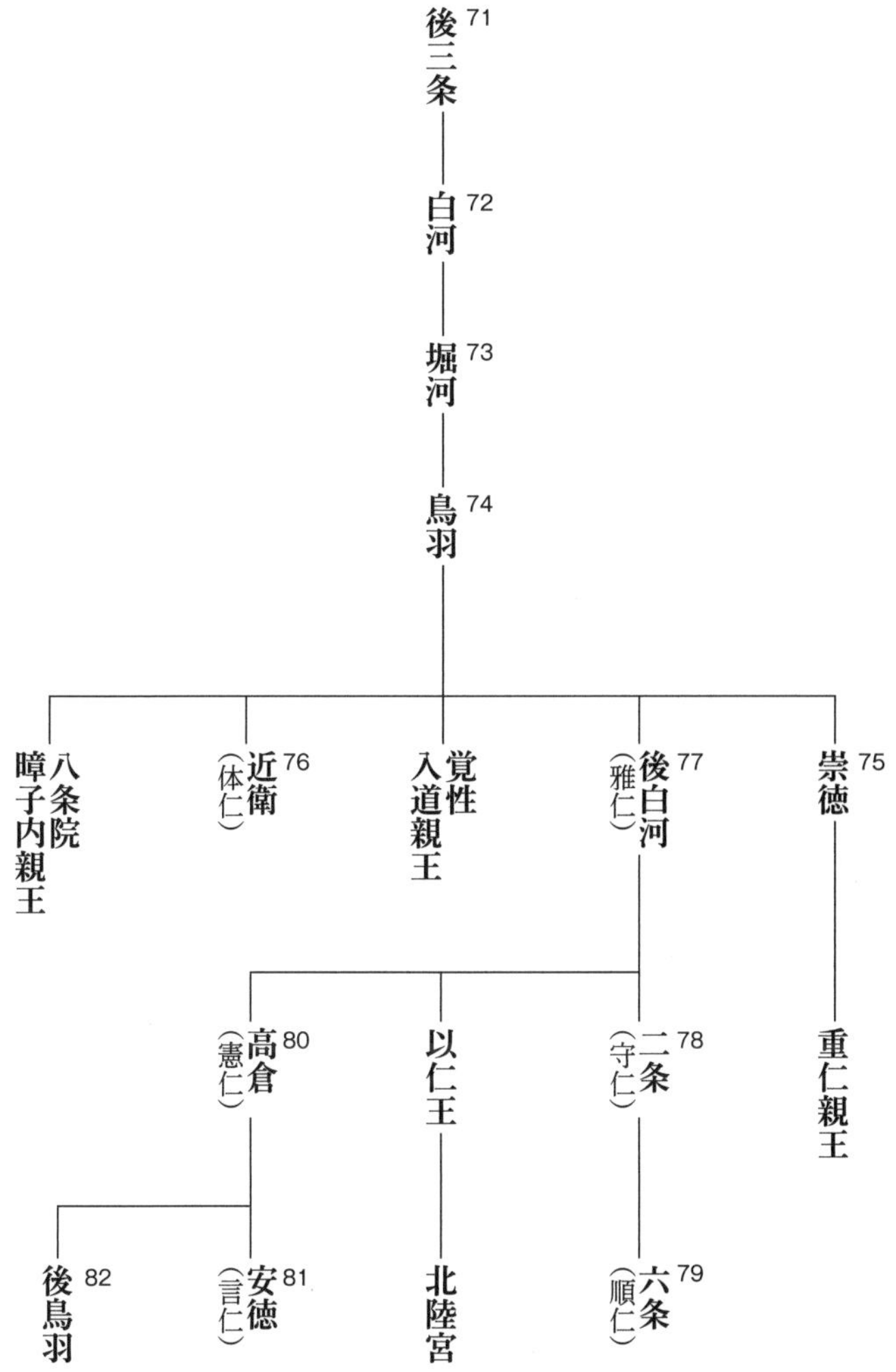

有力公家や権門寺院は、後三条に強く反発した。それらを抑えていくのは天皇とはいえ容易ではなく、後三条も政変的なもので退位に追いやられた可能性がある。

父後三条の苦闘を見てきた白河としては、周囲から反発されずに天皇家の資産形成を行おうと思ったはずだ。そこには逆転の発想があった。すなわち「自分（天皇）だけができないのなら、できるようにすればよい」という至って単純なものだった。

しかし公地公民制の建て前があるので、天皇のままでは土地を所有できない。それなら天皇をやめて自由の身になればよいのだ。

天皇というのは、この国の頂点に君臨する存在であり、その父の上皇も正式には臣下となる。だがそこは父と子であり、皇位を継承させてもらったという負い目もある。分かりやすく言えば、「天皇も上皇には頭が上がらない」のだ。

かくして「治天の君」、すなわち上皇による荘園の領有が始まる。さらに白河は出家して法皇となり、新たな寺を作り、そこを通じて資産形成をするという妙手を思いつく。それが高さ八十メートルの八角九重塔があったことで有名な法勝寺《ほっしょうじ》だ。

これで王家の資産形成システムはできたが、それを回していくには組織と人材が必要だ。そこで院庁《いんのちょう》という組織を作り、中下級貴族の中から有能な者を抜擢して実務にあたらせた。彼らは家柄によって身分が固定化して安閑としている公卿（三位以上の公家）らとは異なり、ハングリーな上に公卿に対する嫉妬もある。それゆえ法皇の威を借りて権力構造を改変していった。

このあたりは、後に鎌倉幕府を支えた大江広元や三善康信に似ている。

ちなみに日本の場合、藤原氏（北家）による権力独占によって、科挙による官吏の登用や実力主義的人事が皆無だったので、官位は家業化しており、活力も失われていた。それが院近臣《いんのきんしん》層の勃興、平家の台頭、そして源氏による鎌倉幕府創設の遠因になったのは周知の通りだ。

かくして有力公家と権門寺院のサークルに皇族が割り込むことで、律令制は崩壊していく。

それでも公領すなわち国衙領は、まだ存在していた。しかし上が私利私欲にまみれてしまえば、下もそれに倣えとなる。公領から中央政府に収められるべき租税は、国司・目代《もくだい》・郡司・郷司らに中抜きされ、残りがようやく国庫に入るという始末だった。

しかし、それさえ懐に入れてしまう仕組みを白河は考えついた。すなわち国司の推薦権を有力公家や権門寺院と山分けすることにより、国司になった者から、租税の一部を推薦者に上納する仕組みを打ち立てたのだ。これが知行国主制だ。

かくして上は上皇から下は末端の在地役人まで、利権システムのどこかに潜り込み、おこぼれに与ることになる。

その一方、天皇は全く旨味のない仕事になる。天皇は上皇の所有する荘園や利権システムを相続しようと、上皇に気に入られようとする。そうなれば、すべての権限が上皇と院庁に移っていき、天皇の権威や権限などなきに等しいものになる。

武士階級の勃興

搾取する方と搾取される方がはっきりしてくると、搾取される方は何らかの防衛手段を講じる。搾取される方とは農民であり、それを管理するのが元豪族の在地役人、すなわち公領の場合は郡司や郷司、荘園の場合は荘官になる。彼らも利権システムの末端に組み込まれているが、あまりに中央の搾取がひどいので、もっと取り分がほしくなる。

ちなみに搾取というのは何らかの見返りがないと、強烈なしっぺ返しを食らう。後の江戸幕府などは、「生かさず殺さず」とは言いながらも、危機管理能力に優れており（藩によって優劣はあるが）、飢饉の時などは搾取ばかりではなく、蔵米の放出や「粥施餓鬼《せがき》」といった様々な救恤《きゅうじゅつ》策を行うことで、農民たちの支持を得ていた。庄内藩などその好例で、上下一致した理想的な体制が築けていた。それが東北戊辰戦争での活躍に結び付いていく。

平安時代末期の武士階級の勃興が、こうした土地をめぐる搾取構造にあったことは論を俟《ま》たないだろう。

武士の発生については「在地領主論」と「職能論」の二説があり、いまだどちらが有力とは言えない状況にある。

武士が現れ始めた十一世紀初頭だが、当時、各地の農村は公領か荘園だった。つまり有力貴族や権門寺院などと在地の開発領主との取り分をめぐる紛争が、武士階級を生んだというのだ。

分かりやすく言えば、近代社会と異なり、公権力の及ばない地方農村が、自らの土地や農民（農奴）を守るためには「自力救済」（自衛）しかなく、そのため武装せざるを得なかった開発領主が、武士になったという理屈だ。そしてその武力は、人間が本然的に持つ欲望から、自衛だけでなく外部への膨張という形を取り、それが特定武士勢力の拡大、つまり地方豪族を誕生させていく。これが「在地領主論」になる。

これに対し、「職能論」がある。

奈良時代から平安時代にかけて、朝廷や公家社会では政変や謀反に備えるため、蝦夷《えみし》など辺境の夷敵《いてき》を服属させるため、盗賊などから都の治安を守るため等の理由で、武力が必要とされた。これを担ったのが律令にも定められた武官だ。

律令制では、国家が武力を管理する建て前になっており、総司令官は武官も文官もなく、持ち回りでこの任に当たった。これは国家が武力を統制し、武力の特定個人への集中を防ぐことにつながった。しかし現場指揮官としての知識や、騎馬・弓術等の専門技能の伝承は必要なため、諸大夫（位階が四、五位の貴族）等の中下級貴族は次第に専業化していった。これが平氏や源氏の源流「兵《つわもの》の家」となる。

「兵の家」勃興の契機となったのが承平《じょうへい》・天慶《てんぎょう》の乱だ。

平将門《まさかど》の乱は平貞盛《さだもり》と藤原秀郷《ひでさと》、藤原純友《すみとも》の乱は源経基《つねもと》により鎮定され（正確には、やや事実と異なるが）、事なきを得たが、地方の反乱は朝廷や公家社会の心胆を寒からしめ、「武」の重要性を再認識させる契機となった。これにより追討に功のあった伊勢平氏・河内源氏・秀郷流藤原氏が台頭していく。つまり伊勢平氏も河内源氏も、朝廷のお墨付きを得ていたことで、在地領主たちの上に立つことができたのだ。

白河院政から鳥羽院政へ

白河の独走に対し、それまで権力を独占していた摂関家が黙っていたわけではない。だが朝廷で最も重視されていた人事権、すなわち貴族全般の叙位・除目《じもく》に院庁が介入してくることで、それまでは天皇と摂関家が決めていた（実質的には摂政関白に任せていた）叙位・除目を院庁が行うことになり、摂関家をはじめとした公家たちも従わざるを得なくなる。

白河の天皇在位中から権力を握っていたのは摂関家の藤原師実《もろざね》だ。師実は実力者だったが、争いを好まず協調的な性格だったとされ、天皇時代の白河を補佐して、院政という構想の実現に力を貸すほどだった。その息子の師通《もろみち》は、父の方針とは異なり、堀河天皇と密な関係を築き、天皇親政（すなわち摂関政治）を取り戻そうとする。だが三十八歳で謎の死を遂げ（毒殺説もある）、堀河天皇も後を追うように崩御《ほうぎょ》することで、院政への抵抗勢力はなくなった。

堀河亡き後、白河は幼い鳥羽を即位させ、さらに摂政の座に若い忠実《ただざね》を就けたので、摂関家の影響力や発言力はなきに等しいものとなる。

さらに白河は鳥羽からその息子の崇徳《すとく》に譲位させた。だがこれには裏があり、崇徳は鳥羽の

白河法皇（成菩提院御影）

白河上皇の利権システム

院庁・院近臣の管理により富と権力を独占

荘園	法勝寺（六勝寺）	知行国主
⇩	⇩	⇩
土地を私有	寺を通じて蓄財	推薦者からの上納

天皇の権威が失墜

⇩ 律令制度の崩壊

⇩ 武士の勃興

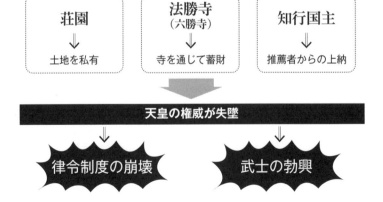

息子ではなく、白河の息子だったという説が有力だ。すなわち自らの手が付いた養女が妊娠したため、中宮として鳥羽に押し付けたというのだ。たとえ独裁者であっても養女を孕《はら》ませてしまっては信望を失うので、息子に押し付けるという何とも言いようのない措置だった。

これが、鳥羽の息子の後白河と上皇にされた崇徳がぶつかり合う保元《ほうげん》の乱の遠因になる。つまり白河の女癖の悪さが武士階級勃興の呼び水になったのだ。

白河は四十三年にわたる院政の後、大治《だいじ》四年（一一二九）、七十七歳で崩御する。それを待っていたかのように鳥羽院政が始まる。

白河は父の後三条と違って自ら不正の中に飛び込み、利権構造を築いた。それは鳥羽も同じだった。それゆえ誰も律令制を守ろうとする者はいなくなり、律令制は形骸化していった。だが支配者は搾取し、被支配者は搾取されるだけという構図が長く続くわけがない。かくして在地の武士たちは結束し、自分たちの利権を守ろうとしていく。

保元・平治の乱と後白河院政

保元・平治《へいじ》の乱の歴史的意義は、皇位の行方や公家の政治生命が天皇の権威でも政治的駆け引きでもなく、武力によって決定されたことにある。

武士という新たな階級が中心になって王権の行方が決定されたことは、朝廷および公家権力が次第に無力化されていくことを暗示するものだった。

保元の乱は、時の権力者である鳥羽の心を摑んでいた信西《しんぜい》ら院近臣と摂政の藤原忠通《ただみち》が手を組み、権力構造から弾き出された崇徳（上皇）と藤原忠実・頼長《よりなが》父子が反発するという対立構造だった。皇位をめぐる確執はもちろんだが、摂関家の争いは摂関家領という荘園の相続権が絡んでおり、ここでも寄進地系荘園の弊害が出ている。

ここで重要なのは、摂関家の主流派だった藤原忠実・頼長父子が敗れ、凡庸な忠通が摂関家の氏長者《うじのちょうじゃ》となったことで、摂関家の衰退が一段と進んだことだ。すなわち戦後、勝者だった忠通は、摂関家の所有していた多くの権益や荘園を後白河天皇の権力を背景にした信西によって取り上げられた上、敗者同然の扱いを受けることになる。白河・鳥羽両院時代を通して続いてきた院近臣と摂関家の併存的政治体制は、これによって終焉した。

また保元の乱直前の鳥羽の死によって、天皇家の相続問題も顕在化していった。本来は白河―鳥羽―崇徳―重仁《しげひと》親王（崇徳の皇子）と続くはずだった皇統が、美福門院《びふくもんいん》という若い皇后に籠絡《ろうらく》された鳥羽によって捻じ曲げられたことが、皇統を混乱させる。鳥羽は半ば無理やりに崇徳を退位させ、異母弟で美福門院の腹になる近衛を即位させ、近衛が早世するや、その後継を、美福門院の養子となっていた後白河に引き継がせた。これで白河・鳥羽両院がかき集めてきた皇族の荘園、すなわち八条院領と長講堂領という二大荘園の行方が不安定になる。八条院暲子《しょうし》領とは鳥羽の娘の八条院内親王が相続した荘園で、長講堂領とは後白河が相続した荘園のことだ。

平治の乱は、平清盛と源義朝という保元の乱の勝者二人による武士の戦いと、信西と藤原信頼という院近臣どうしの戦いになったが、清盛の熊野参詣の隙を突くように蜂起した義朝と信頼が信西を殺すことで一時的に覇権を握った。だが結局は清盛の巻き返しに遭い、政変は失敗する。すなわち平治の乱は、後白河の院近臣勢力が著しく勢力を失い、平家が勃興するきっかけとなったのだ。

かくして平家の隆盛が始まるが、清盛と後白河の駆け引きは続いていた。二人の権力争いの根底には、白河・鳥羽両院が集めた八条院領と長講堂領という二大荘園が絡んでいた。

時の権力者の清盛も、相続する正統性のない八条院領には手を出せないが、後白河の長講堂領を自らの血脈に連なる高倉・安徳の両天皇に継がせようとした。だが後白河はそれをよしとせず、ここに二人の確執が始まる。

それでも清盛は、土地の取り合いではゼロサムゲームになるのが分かっており、ブルーオーシャンとなる日宋貿易と貨幣経済に傾倒していった。だがその間も後白河は平家に対する嫌がらせを続けたので、結局、清盛が痺れを切らした形で、軍事力によって院政を停止させることになる。これが治承《じしょう》三年の政変だ。

その後の流れは、よく知られている通りで、源平合戦によって勝者になった頼朝が、武士たちの土地と権益を守るために鎌倉幕府を創設する。

それでも後白河の跡を継いで天皇となり、すぐに上皇となった後鳥羽が広大な荘園を所有しており、鎌倉幕府に対抗できる兵を養うこともできた。だが三代将軍実朝《さねとも》の死から朝幕双方には疑心暗鬼が渦巻き、承久《じょうきゅう》の乱という軍事衝突を迎える。これに敗れた朝廷側は多くの荘園を取り上げられ、政治権力をも喪失していくことになる。

こうして見ると、皇族の土地への執着が、武士の時代の呼び水になったことが明らかだろう。ここから学ぶべき教訓としては、白河が後三条のような律令体制への回帰路線を歩まず、自分も不正に手を染めていったことで、曲がりなりにも機能していた律令体制を崩壊させ、結局は政治権力を武士たちに明け渡さざるを得なかったことだ。目先の利益を追うことは大局的利益を失いかねないと、白河は教えてくれている。

最後に白河の経営力を検証してみたい。

まず企画構想力と組織力、そして莫大な財産を築いたという功績については申し分ない。しかしその志は低く、武士の勃興を招いてしまったことで先見の明があったとも言えない。また院近臣という組織を作った手腕は認められても、国家を率いるリーダーシップがあったとは言い難い。

歴代天皇随一と言っても過言ではない権力を握った白河だが、その目的が私有財産を増やすことに終始したため、経営者としての評価は決して高くない。

白河上皇の経営力

評価チャート

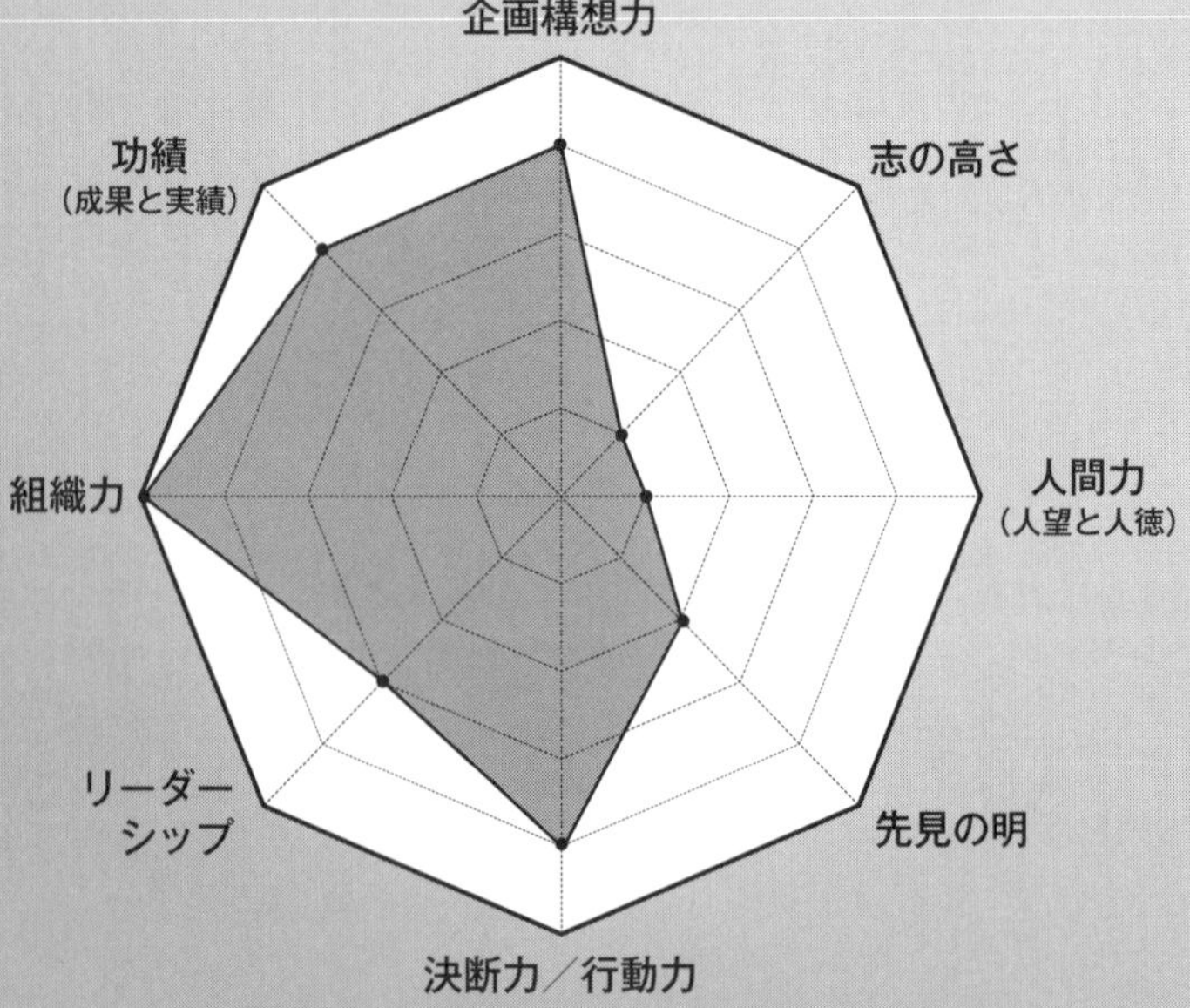

総合評点

24点
／40

※各評価項目を5点満点として
全評点を合算（40点満点）

第三回

"ブルーオーシャン"戦略で貿易立国を目指した

平清盛《たいらのきよもり》

一一一八年（元永元年）〜一一八一年（治承五年）

――平安――

平家の興隆

寛平《かんぴょう》元年（八八九）、桓武《かんむ》天皇の曾孫《そうそん》にあたる高望王《たかもちおう》が臣籍に降下し、平姓《へいせい》を賜ったことで平氏は始まる。清盛の一族は平氏とも平家とも呼ばれているが、学術的には、平氏とは平姓の氏全体を指し、平家とは伊勢平氏の中でも正盛―忠盛―清盛の一族だけを指すので、それに従いたいと思う。

清盛の祖父の正盛が、院政の創始者・白河上皇（白河院）のお気に入りになったのは、白河とその近親者への荘園寄進、つまり賄賂《わいろ》に端を発する。最初は正盛も貧しかったので、たいした賄賂は上納できなかったが、白河の二十歳になる娘が亡くなった際、わずかな土地を寄進し、菩提《ぼだい》を弔う寺を建立《こんりゅう》したことで、白河のお気に入りとなった。この逸話は、同じ賄賂でも「心を捉える」ことが、いかに大切かを物語っている。

これにより若狭守《わかさのかみ》に栄転した正盛は、因幡《いなば》、但馬《たじま》、丹後《たんご》、備前《びぜん》などの「熟国《じゅくこく》」、つまり収入の多い国守を歴任し、着々と財力を付けていった。

保安《ほうあん》二年（一一二一）に病没した正盛に代わり、平家の氏長者（嫡流継承者）となったのが息子の忠盛だ。忠盛が頭角を現すのは、西海《さいかい》（瀬戸内海）や南海（九州沿岸地域）の海賊討伐だった。この討伐の成功により、忠盛は、伯耆《ほうき》、越前《えちぜん》、備前、美作《みまさか》、尾張《おわり》、播磨《はりま》といった「熟国」の国守となる。ちなみに律令制で国司とは、「守」「介」「掾《じょう》」「目《さかん》」などの地方の役人職の総称で、国守とはその中の「守」のことだ。

院政を確立し、独裁的な権力を握った白河も大治《だいじ》四年（一一二九）に崩御《ほうぎょ》し、孫にあたる鳥羽《とば》上皇が院政を開始する。しかし鳥羽も金権体質は変わらず、賄賂によって忠盛も引き続き重用される。

白河崩御の翌年、鳥羽により忠盛は正四位下に叙され、長承《ちょうしょう》元年（一一三二）には、鳥羽のために得長寿院《とくちょうじゅいん》を建立した功によって内昇殿《ないしょうでん》まで許される。こうした忠盛の出世は武士として異例のもので、公家社会の反感を買った。これが平家滅亡の布石になる。

平家のブルーオーシャン戦略

朝廷を牛耳る院や公卿《くぎょう》たちに使い回されながらも、平治の乱でライバルの源氏を蹴落とし、

平氏略系図

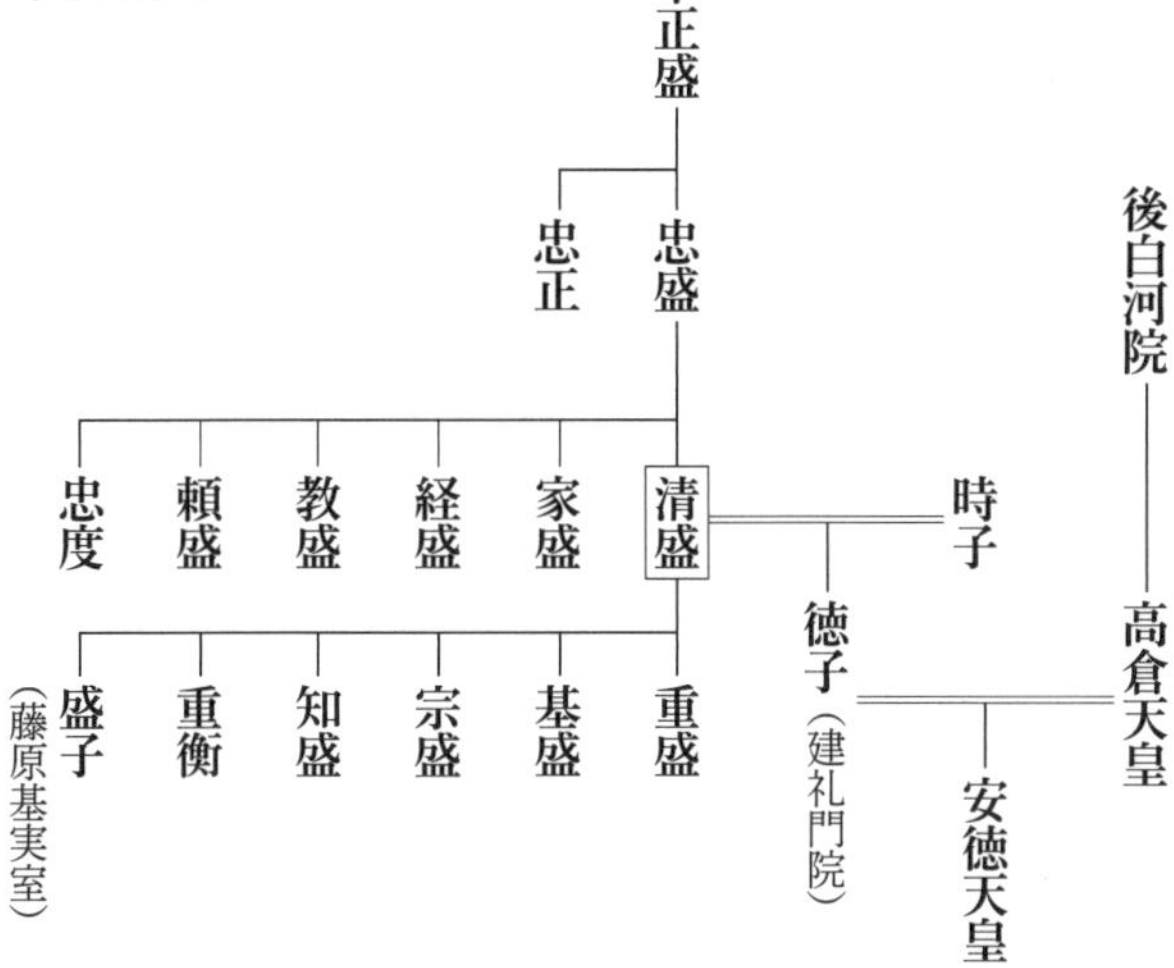

平家は着実に勢力を扶植《ふしょく》していった。次々と「熟国」の国守の座に就き、そこから吸い上げた利益を院への賄賂とし、さらに出頭するというビジネスモデルを構築した平家だったが、さらにステップアップするためには、既存のモデルを克服し、別の収益モデルを築く必要があった。いわゆるブルーオーシャン戦略だ。

「誰でも、そんなことは考えるだろう」と思うなかれ。後の源氏政権や執権北条氏の鎌倉幕府もそうだが、当時の利権のほとんどは土地にあるため、公家たちは土地から上がる利益をいかに増やすかに腐心していた。そうなると耕作民からの収奪に向かうのは必然で、それが一揆や流民を生み出す悪循環につながっていた。

それでは平家のブルーオーシャンとは何か。

それは文字通り、青い海にあった。

保安元年（一一二〇）、越前守に補任《ぶにん》された忠盛は越前国に赴任するが、そこには敦賀《つるが》港があり、宋船によって大陸の文物が流入してきていた。これに目を付けた忠盛は、貿易に関心を抱くようになった。

むろん在任中の全期間を忠盛が越前で過ごしたはずはなく、大半は遥任《ようにん》（目代《もくだい》と呼ばれる代官を現地に派遣し、自らは都にいる統治形態）だったと思われるが、忠盛が貿易に目覚めたのは越前守時代だろう。

忠盛はさらに手広く貿易を行うために、博多に根拠地を築きたいと思った。ところが貿易を主導する大宰権帥《だざいのごんのそち》には公卿でないと就けないため、忠盛はこれを諦め、肥前《ひぜん》国の神埼《かんざき》荘の管理を行いたいと鳥羽に願い出て許された。かくして忠盛は、神埼荘の年貢管理をすることで、博多に近い地に日宋貿易の拠点を築くことに成功する。

幸いにも鳥羽は、大陸の宝物や美術品に興味があったらしく、それを知った忠盛は、鳥羽に大陸の珍奇な文物を献上することで密貿易を見逃してもらった。

大陸の文物を得るために、忠盛は伊勢国で産出した水銀、志摩国で採れた真珠、陸奥国の金山から掘り出した金を主要輸出品とした。

清盛の弟の一人の経盛《つねもり》を生んだのは源信雅《のぶまさ》の娘だが、忠盛は鳥羽に願い出て、この信雅を陸奥守に就け、陸奥で発掘した金を運ばせることまでした。まさに忠盛は、日本列島全域を舞台

平清盛像（広島・宮島）

にしたファミリービジネスを展開していった。

清盛登場

清盛は元永《げんえい》元年（一一一八）正月に生まれた。この頃は白河院政の全盛時代で、平家は祖父正盛が健在で、父忠盛も二十三歳という若さだった。

本作のテーマが「経営力」なので、軍事面の記述は割愛するが、清盛は保元・平治の乱を勝ち抜いたことで、絶大な権力を手中に収めていった。

しかしそればかりではない。見逃されがちだが、清盛は人間的魅力に溢れた人物だった。『愚管抄《ぐかんしょう》』の著者の慈円《じえん》は、清盛を「あなたこなたしける平中納言殿」と評している。これは皮肉なので、どっちつかずの風見鶏という意に近いが、実際は政治的周旋に優れ、どちらかに肩入れしない、双方の面目が立つように調整するといった意味になる。おそらく清盛は公明正大な上、考え方に一貫性があるため、誰からも信頼を寄せられたのだろう。

衆の上に立つ者にとって、こうした平衡感覚はとくに重要で、上に立つ者ほど好悪の感情を抱かないようにすることが大切だ。だが人というのは悲しいもので、耳に心地よい言葉を囁《ささや》くイエスマンばかりを周囲に侍《はべ》らせたがる。

苦言を呈する者を遠ざけた信長や秀吉が墓穴を掘っていったのを見ていた家康が、うるさい部下を側近にしていたことからも、それが分かるだろう。

清盛は真面目で謹厳実直な一面もあり、責任感も人一倍強い。ただし誇り高く人に弱みを見せないので、晩年になると癇癪を起こしたり、他責傾向が強くなったりすることもあった。

また厳格で融通が利かず、何事も杓子定規《しゃくしじょうぎ》で考えがちだ。さらに言えば、空気が読めないことが多く、意固地《いこじ》になって孤立しがちな点もある。

さらに何かを自ら率先して行うとか、自ら手を汚すことは少なく、外野的・評論家的な態度を取ることも多い。「図らずも」という形で、政治的立場を有利にしていく手法を好んだのも清盛の特徴だ。

清盛の人格を一言で表すと、合理的な現実主義者で、冷静に事態を分析し、感情に左右されない的確な判断が下せる人物となる。ただしこうした美徳は晩年に消え失せ、堪《こら》え性がなくなっていく。これは独裁者にありがちな傾向だ。

また清盛は官位にこだわり、一門と共に昇進することで権力を強化しようとした。しかしそれは、律令制を基とする旧体制に従属することにつながり、前例と因習で凝り固まった旧体制を克服するには至らなかった。晩年、福原に居を移したのは、せめて公家社会と距離を取ることで、その呪縛から逃れようとしたためで、それに倣《なら》った頼朝が鎌倉に幕府を開いたのは周知の通りだ。

日宋貿易における輸入品と輸出品

清盛の事績として特筆すべきは日宋貿易だろう。その輸入品の第一は唐銭や宋銭といった銅銭だった。当初は、こうした渡来銭を鋳直《いなお》して別の用途に使うために、地金としての銅が目当てだった。とくに経典を土中に埋納する時に使う経筒《きょうづつ》の原料に、よく用いられた（宋銭との成分比較によって近年明らかになった）。

だが貿易商人から、「銭は蓄財しやすいので、民は仕事に精を出して生産性が上がる」という話を、清盛は聞き込んだのだろう。

貨幣が流通する前の社会では、物々交換が基本だった。しかし農具の発達や治水などによって生産性が向上し、余剰作物が生まれる余地があっても、物々交換は相手の需要次第となる。ところが、ある程度保存の利く米穀以上に保存可能な銭なら話は違う。銭が普及することで蓄財意欲も湧く。つまり銭の普及により、民は仕事に精を出して生産性が向上するという好循環が生まれるのだ。

これは実例があり、銭の普及によって、当時の南宋の民のＧＤＰは日本の十倍近くに達していた。日本がそのレベルに達するのは江戸時代になってからなので、南宋は驚異的な経済成長を遂げたことになる。その原動力が銭だったのだ。

南宋と言えば、北方から女真族の金に圧迫されているイメージが強いが、領土は縮小しても、実際は経済力によって、民は豊かだったことになる。たとえ南宋が金の朝貢国《ちょうこう》になったとはいえ、経済力が金の淮河《わいが》以南への侵攻を押しとどめていたと言える。

かくして交換手段としての銭の利便性と労働意欲の向上という副次効果に気づいた清盛は、宋銭を国内に普及させようとした。

ここで問題なのは、貿易決済に国際通貨を使うのは仕方ないとしても、国内の交易には自国通貨を流通させるべきという点だ。しかし銅山の未開発による銅の不足、さらに鋳造《ちゅうぞう》技術が未発達な段階の日本では、ほぼ均一な品質の銅銭を大量に鋳造できず、その技術を持つ大陸国家に依存せねばならなかった。

こうした渡来銭への依存は室町時代中盤まで足枷《あしかせ》となり、その輸入量が減少することで慢性的なデフレを生み、それが応仁・文明の乱の遠因となったとさえ言われる。

当初、輸入した銭は貿易の決済手段として使われていたが、清盛は国内交易の決済手段としても使わせようとする。そのためには、政府が銭を大量に使うのが手っ取り早い。それゆえ人

日宋貿易の構図

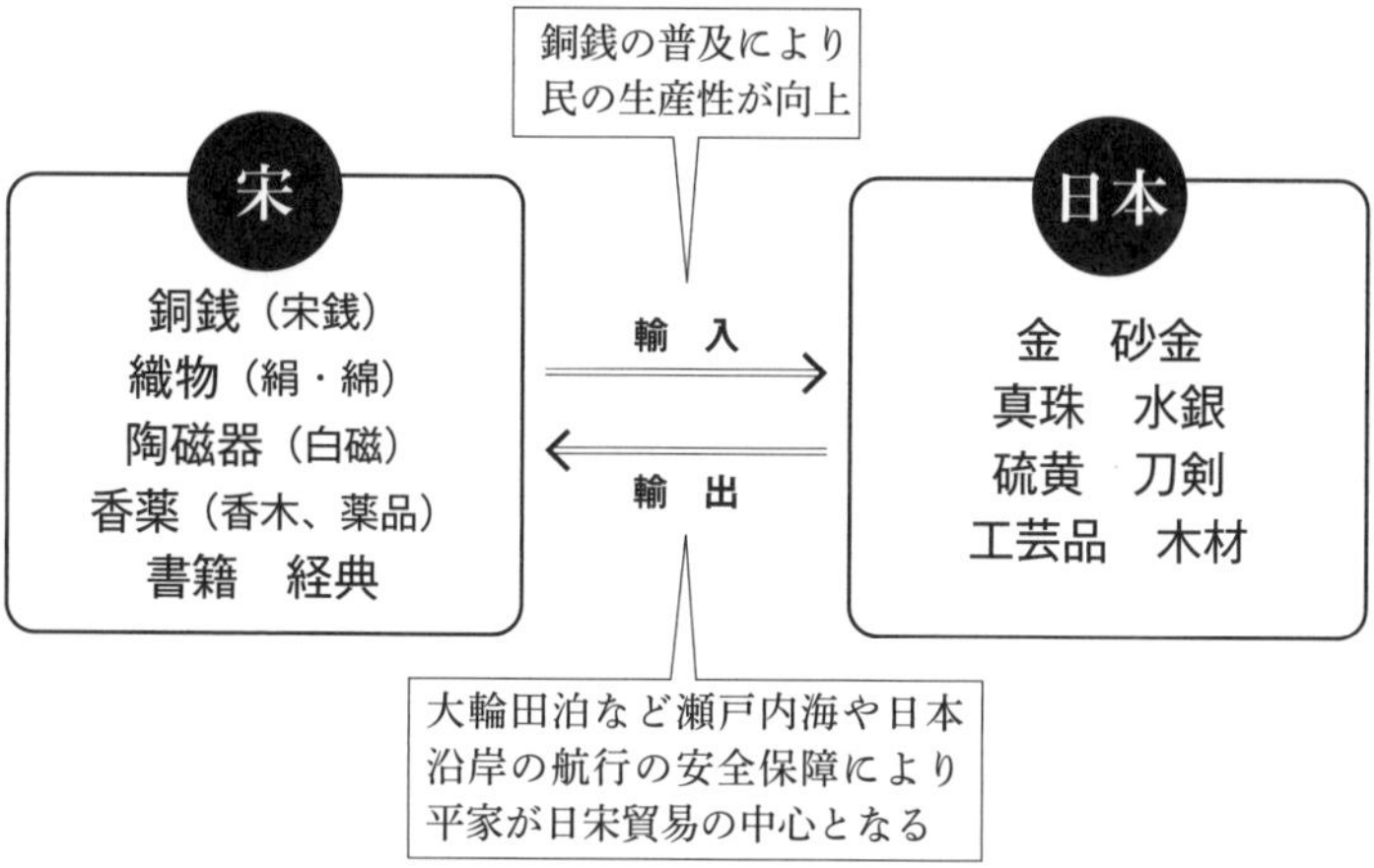

銅銭の普及により
民の生産性が向上
宋
銅銭（宋銭）
織物（絹・綿）
陶磁器（白磁）
香薬（香木、薬品）
書籍　経典
輸　入
輸　出
日本
金　砂金
真珠　水銀
硫黄　刀剣
工芸品　木材
大輪田泊など瀬戸内海や日本
沿岸の航行の安全保障により
平家が日宋貿易の中心となる

日本と南宋

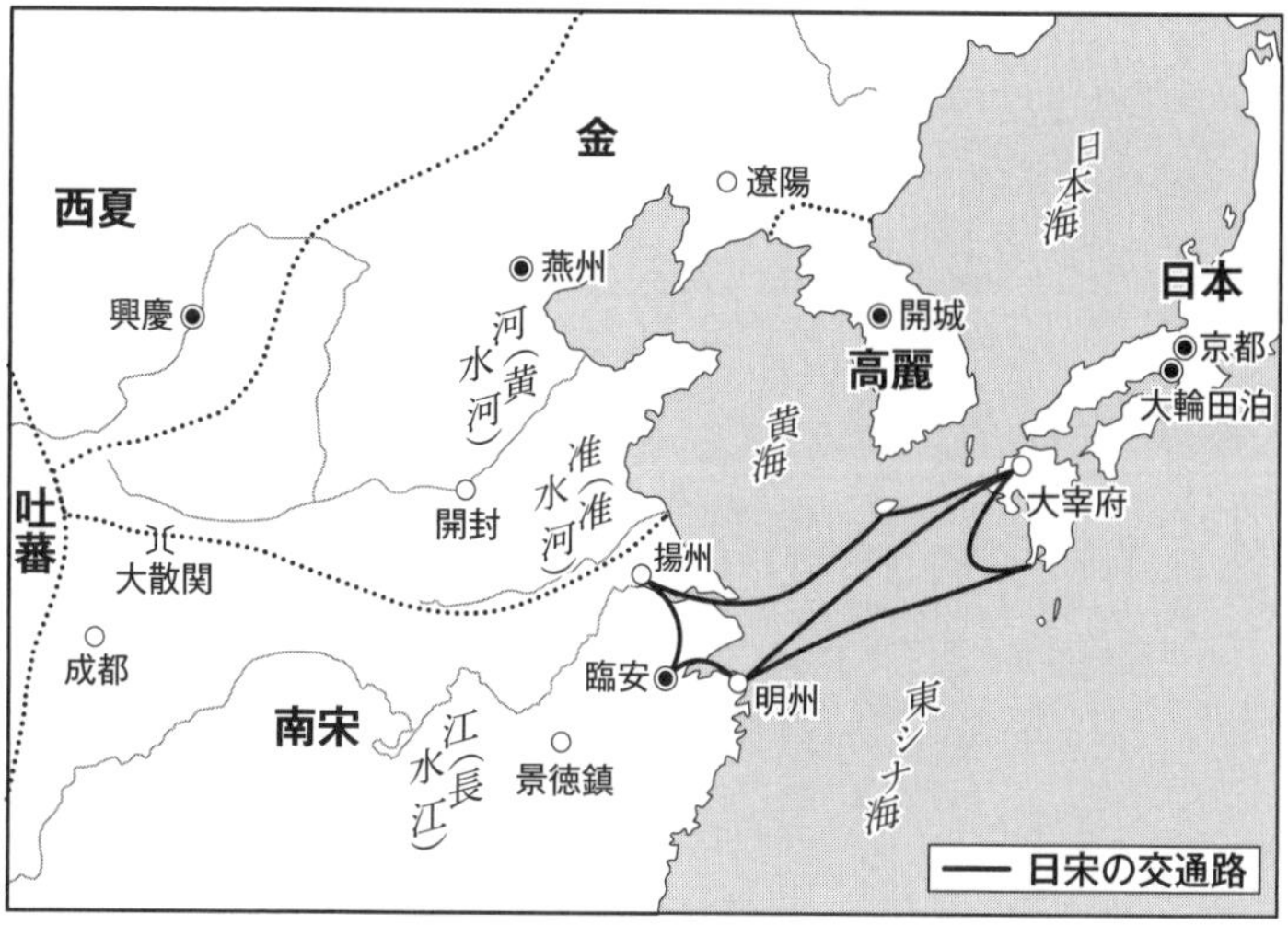

金
西夏
遼陽
燕州
興慶
河水（黄河）
日本海
日本
開城
高麗
京都
大輪田泊
黄海
淮水（淮河）
開封
吐蕃
大散関
揚州
大宰府
成都
臨安
明州
南宋
江水（長江）
景徳鎮
東シナ海
日宋の交通路

夫や官人の給与に銭を使ってみたが、物々交換はなかなか駆逐できない。これには、渡来銭の絶対量不足という原因があった。

それでも畿内の一部の地域で銭が普及し始めるや、すぐに効果が出始めた。民は欲望を喚起され、これまで以上に仕事に励むようになる。南宋と同じことが日本でも起こったのだ。

これに味をしめた清盛の貿易振興策によって流通する銭が徐々に増加し、副次効果として労働生産性も向上していく。

これを見た清盛は、次の段階として銭の使用を法によって促進しようとした。従来の法に銭を組み込もうとしたのだ。

古来、日本には「沽価法《こかほう》」という市場における公定価格（物品の換算率）を定めた法があった。例えば「米一斗五升は油一升」といった具合だ。清盛はこの「沽価法」に銭も加えようとした。

ところが九条兼実《くじょうかねざね》ら公家や権門《けんもん》寺院は、銭の普及によって彼らの収入源になる米や絹の価値が下がったと思い込み、銭の普及を阻止しようとした。これにより「沽価法」への銭の導入は見送られるが、清盛は無理しなかった。おそらく宋人から「多くの人が銭の利便性に気づけば、自然に普及する」と教えられていたに違いない。

かくして銭の「沽価法」への導入は見送られたが、反対勢力を陰で操っていたのが後白河なのは明らかで、清盛はその怒りから「治承《じしょう》三年の政変」に至ったという説もある。

銭以外の輸入品

銭以外の輸入品にも目を向けてみよう。

銅銭に次ぐ輸入品は織物と香薬だ。この二種は「唐物《からもの》」と呼ばれ、公家社会でとくに好まれた。これら香薬の産地は中国大陸ではなく東南アジアなので、日宋貿易が二国間の貿易ではなく、東南アジア通商圏の中で行われていたと分かってくる。

また『平家物語』では「揚州の金《こがね》(黄金)、荊州《けいしゅう》の珠《たま》、呉郡《ごきん》の綾、蜀江《しょっこう》の錦」などが、清盛の邸宅には溢れていたというが、こうした贅沢品や富力を誇示するための威信財、また書籍や経典などの文化財も、輸入品の重要な一部を占めていた。

後に清盛が、高倉帝と安徳帝に贈ることになる一千巻から成る大百科辞典『太平御覧《たいへいぎょらん》』は、日宋貿易における文化財輸入の象徴で、二人に貿易事業を担ってほしいという清盛の願いが込められていた。

一方の輸出品は、金、砂金、真珠、水銀、硫黄といったものが主だった。金や砂金は南宋の領土内で産出しないため、とくに喜ばれた。また硫黄は黒色火薬の原料に使われていた。南宋は金の圧迫を跳ね返すために、日本の火薬をあてにしていたことになる。

日本刀、蒔絵《まきえ》、螺鈿《らでん》、屛風《びょうぶ》、扇子《せんす》などの武具や工芸品も海を渡った。日本の技術が当時の先進国の中国王朝をも驚かせていたことが、ここから分かる。

さらに杉、檜《ひのき》、松などの木材も重要な輸出品となっていた。当時の中国では、古代からのやみくもな伐採により森林資源が枯渇《こかつ》し、日本の良質な木材は貴重品になっていた。

面白いのは、往路には銅銭が、帰路には木材が、船のバラストになっていたという点だ。

また来航する宋船が増えるにつれ、清盛は私財を投じ、大輪田泊《おおわだのとまり》（現在の神戸港の一部）の防波堤施設として経島《きょうのしま》の建設を始めた。大輪田泊は、和田岬が手を伸ばすように横たわる西側の波浪には強かったが、東南は無防備だった。経島建設は、そこに人工島を造って防波堤の役割を担わせようという一大土木プロジェクトだった。

これはたいへんな難事業となり、人と自然との闘いになった。結局、経島は造っては壊されてを繰り返した。周囲の者から、人柱を立てて海神の許しを請おうという意見も出されたが、清盛はそれを一蹴し、一切経《いっさいきょう》の書かれた石を沈めるだけで、工事を竣工させた。

一切経とは仏典の総称だが、すべてを書き写すわけにもいかないので、様々な仏典の代表的経文を書いた石を、いくつか沈めたのだろう。

このように清盛と平家は、日本沿岸から瀬戸内海の航行の安全を保障すると同時に、こうした港湾施設まで構築しており、それなりに自腹を切っていた。それゆえ平家が日宋貿易の富を独占したと悪し様に言うのは的外れにあたる。政治力と財力、そしてノブレスオブリージュがあったからこそ、平家は日宋貿易の中心足り得たのだ。

清盛の最期と鎌倉幕府

治承三年（一一七九）の政変によって朝廷から権力の大半を奪った清盛は、名実共に独裁者となる。だが治承四年の以仁王《もちひとおう》の挙兵をきっかけに、各地の不平分子たちが一斉に反旗を翻し、平家の天下は一転して不穏な空気に包まれる。

タイミングの悪いことに、清盛が福原遷都を強行したため、朝廷や寺社も反平家色を鮮明にし始めていた時期で、さらに旱魃《かんばつ》による「養和《ようわ》の飢饉《ききん》」が発生することで、流民が京都に流れ込み、世情は著しく不安定になる。

そんな折、東国で源頼朝が挙兵する。いったんは討伐されかかった頼朝だったが、鎌倉に本拠を定めて東国武士を糾合《きゅうごう》し、侮れない勢力になっていった。その討伐に差し向けた平家軍は富士川の戦いで敗北し、平家政権そのものが揺らぎ始める。

清盛は新たに討伐軍を編制しようとするが、そこに入った一報は、「遠江《とおとうみ》国以東の十五国は、すべて頼朝に与《くみ》した」という衝撃的な情報だった。

尻に火がついてきた清盛も、遂に福原から京都への「還都《かんと》」に合意する。清盛が福原に託した夢は、わずか百七十日で潰えたことになる。こうした平家の迷走を見た木曾義仲や源頼朝は、上洛の気配を示し始める。

これに対し、清盛は京都防衛戦を構想していた。そのためには畿内の反平家勢力を一掃しなければならない。とくに反平家の旗を掲げていた南都（奈良）の興福寺への怒りは収まらない。それゆえ、清盛は兵を差し向け、興福寺のみならず東大寺をも焼き尽くした。若い頃の清盛が備えていた周到さや根気が、ここでは全く消え失せていた。

こうした最中、突然清盛は激しい頭痛を伴う熱病に侵される。その後、坂道を転がり落ちるように病状は悪化し、呆気なく逝去する。享年は六十四だった。

清盛死後の平家は、西国に落ちて一時的に息を吹き返すものの、最後には壇《だん》ノ《の》浦《うら》の波間に消えることになる。その時、日宋貿易によって日本を貿易立国にしようとした清盛の夢も潰えた。

清盛が生きた時代は、朝廷が絶大な力を有していた。それを武力によって克服しようとした清盛だったが、結局、朝廷の官位という既成の枠組みから自由になることはなかった。その枠組みの中にいる限り、しょせんは朝廷の権威に飲み込まれてしまうのだ。

それでも清盛は、公家や寺社と荘園（土地）の取り合いをしている限り、ゼロサムゲームは終わらないのを知っていた。そこで宋の繁栄を知り、銭を流通させることで、日本全体の生産性を上げようとした。しかし銭は国内で鋳造できないため、渡来銭という形で平家が供給源を握ることになる。つまり平家が経済全体を掌握することで、盤石の体制を築こうとしたのだ。

しかし誰もが合理的な考えを持つとは限らない。公家たちは荘園という権益を守ることに汲々《きゅうきゅう》とし、在地の武士たちも自らが耕した土地に固執する。こうした者たちに、中長期的な構想の下、国家のトランスフォームを図ろうとする清盛の考えなど理解できようはずがなかった。

つまり武士たちが、「お前らの土地と権益は守ってやる」という源頼朝の単純さに惹《ひ》かれたのは当然だった。分かりやすく言えば、ビジョナリーな政権が労働組合に倒されたのだ。人の進化や進歩は一本調子ではない。行きつ戻りつしながら少しずつ進んでいくものだ。その点、清盛の考えは先鋭的すぎたのかもしれない。鎌倉幕府という、よく言えば重農主義、悪く言えば退嬰《たいえい》的政権が約百五十年も続いたため、清盛の構想の実現は、室町幕府三代将軍・足《あし》利義満《かがよしみつ》の登場まで待たねばならなかった。

最後に清盛の経営力を検証してみたい。

日宋貿易に見られるように、清盛に企画構想力、先見の明、志の高さが備わっていたのは間違いない。また最晩年を除けば、他人を惹きつける人間力があり、人望や人格を兼ね備えた大人物だったことがうかがえる。また平家という集団を束ねるリーダーシップや組織力にも十分なものがあった。

だが不幸にして清盛は絶大な権力を握り、独裁者になったとたん、それまでの慎重で周到な人間力をかなぐり捨て、物事を感情的に処理していった。

人は変化していくのが常だ。しかしあらゆる点で成熟しているはずの晩年に、老いと衰えが訪れるのも事実だ。それを自覚し、うまく折り合いをつけていく難しさを、清盛は教えてくれている気がする。

平清盛の経営力

評価チャート

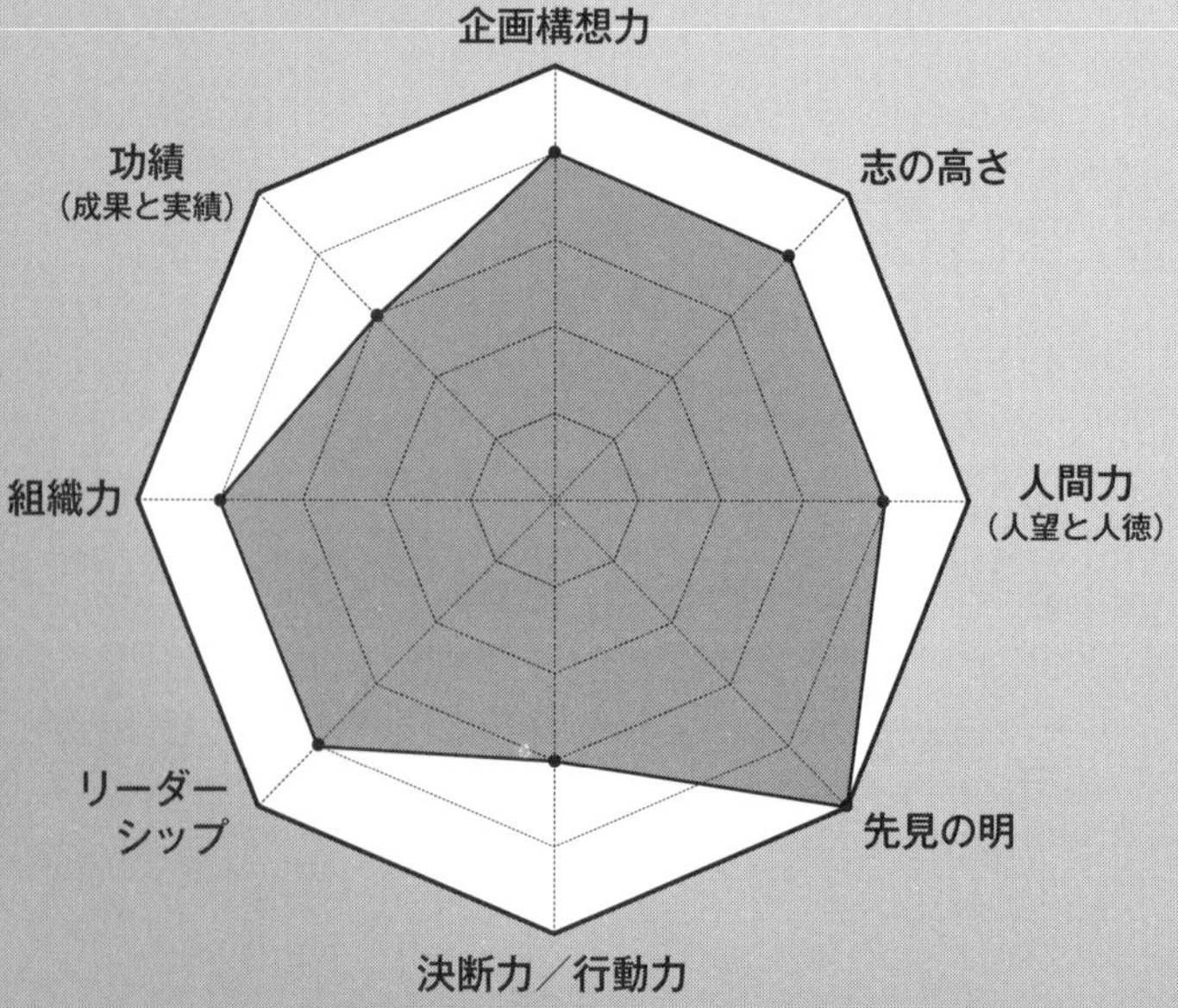

総合評点

31点／40

※各評価項目を5点満点として
全評点を合算（40点満点）

第四回

源頼朝《みなもとのよりとも》

文官が支えた本格的武家政権の統治機構

一一四七年（久安三年）～一一九九年（正治元年）

――平安～鎌倉――

平家政権の限界と真の武家政権の必要性

平家政権は伊勢平氏の氏長者《うじのちょうじゃ》である平清盛が中心にいたため、武家政権の端緒と捉えられがちだが、実際は朝廷による従来の統治機構と利権構造に平家が入り込んだというのが、正しい認識だ。すなわち清盛には、日宋貿易によって国を富ませるという国家ビジョンはあったものの、朝廷、公家、寺社が長年保持してきた利権をわが物にするという考えしかなかったことになる。

「政権ビジョンを描くなど、この時代には無理だ」と考える向きもあるかと思うが、実際は渡海した僧が持ち帰った漢籍（「四書五経」や「武経七書」）には、「国家とは」「首長とは」「政治とは」といった主題が掲げられ、それぞれ解答らしきものも載っている。これらを読んでいれば、自分なりの国家像や政治理念といったものが形成されるはずだが、清盛にはそんな痕跡は皆無だ。つまり酷な言い方をすれば、自らと一族の繁栄のためだけに、武力によって公家社会や権門勢家から政策決定権、利権、人事権などを奪ったと言えるだろう。

昨今、日宋貿易への傾倒から、清盛を過大評価する向きも多いが、それは清盛の一部であり、その大部分は、自らの係累や家人《けにん》を国守の座に就けること、すなわちこの時代の利益の源泉となった荘園や耕作地の奪取に向けられていたのは紛れもない事実だ。

言うなれば、ゼロサムゲームの中で総取りを狙ったのが平家の実態であり、わずかに日宋貿易を盛んにしてゼロサムゲームから脱しようとしたことを、ことさらクローズアップすることもないはずだ。

政権を維持するには、様々な権力を持つ機関（この時代なら権門勢家）の利害を調整し、それぞれの反発を最小限に抑える努力が必要になる。すなわち誰もが大満足ではないにしろ、我慢できる範囲に収めることで反発を和らげていく努力が必要なのだ。しかし人というのは武力を持つと、どうしても使いたくなるのが常だ。

清盛には、後の源頼朝と鎌倉幕府のように、朝廷との共存共栄を装いながら自らの勢力を浸透させていくという緻密で周到な計略がなかったと結論付けられるだろう。

また絶対的な権力を握った者は、自分の力を過信したがる傾向がある。清盛はその代表のようなもので、後白河法皇に対する強引な措置（後白河の院政を停止して幽閉した）に見られるように、晩年は力の過信だけでなく、感情を制御できなくなっていた節がある。

同時に、自らを支える根幹となる地方の武士（開発領主）に対する配慮も行き届いていたとは言い難い。これも独裁者ならではのことだろう。

例えば大番役では、所領を三年も留守にするのは、地方在住の武士にとって不安この上ない。しかも負担は自腹なのでたまらない。嫡男が大番役で京都に詰めている間に当主が亡くなった場合、地元で弟や叔父が惣領の座を奪うことさえあったのだ。後に頼朝は、平安時代には三年だった大番役の期間を半年に短縮したが、こうした配慮を清盛がした形跡はない。これなどは独裁者ゆえの共感性のなさに起因するものだろう。

清盛の場合、有能かつイエスマンではない側近集団を持たなかったことが、独裁的傾向が強くなった理由だろう。晩年の相談相手として藤原邦綱の名が挙がるが、腹心というより朝廷との間に入った調整役のような気がする。

唯一、長男の重盛だけが、清盛に諫言《かんげん》できる立場にあったが、早世によって清盛に歯止めをかけられる人物がいなくなる。これなどは秀長の死により、自らの野望に飲み込まれてしまった秀吉を思わせる。

かくして清盛の死後、そのカリスマを引き継げなかった宗盛により、平家は壇《だん》ノ《の》浦《うら》の藻屑《もくず》と消えるわけだが、頼朝と鎌倉幕府を支えた人々はそこから何を学んだのだろうか。

伝源頼朝像（神護寺所蔵）

鎌倉幕府の成功要因

まず頼朝は武士の府の本拠を鎌倉に定めた。これは意図的なものだったと後にされるが、実際は東国に割拠していた政権、例えば平将門が目指したものを模倣したのだろう。将門と違うのは朝廷に逆らわず、軍事権門として、その中に組み込まれることも辞さなかった点にある。

武家政権を樹立する際、頼朝が朝廷の影響力が及び難い東国を選び、そこから動かなかったのは正解だった。平家のように京都に本拠を置く限り、やがて公家化していき、朝廷の身分秩序の中に組み込まれてしまう可能性があった。そうなれば各地の武士たちの支持を失うのは目に見えている。

また清盛がそうだったように、洛中という

狭い場所で感情的対立がヒートアップし、武力の行使に至ってしまう可能性もあった。

それゆえ頼朝が地理的にも政治的にも朝廷と距離を置き、一定の独立性を保持する方針を貫いたことが、鎌倉幕府の存続につながったと言えるだろう。

また武辺者をいち早く政権の中枢から弾き出し、京下りの吏僚を重用したことも、鎌倉幕府の成功要因だろう。

政権というものは、軍事力だけでは成り立たない。軍事力は政権を支えるものであり、軍人が政権の主体となると、うまくいかないケースが多い。

現代でも軍事クーデターに成功したアフリカなどの国では、軍人が政治の中枢に居座ったままだと、必ずうまくいかなくなる。しょせん餅は餅屋なのだ。

それゆえ初期段階では、軍事組織が政権の中枢を担うことがあっても、平時に移行するにつれ、政治のプロたちに、徐々にその座を譲っていかねばならない。その先鞭《せんべん》をつけたのが鎌倉幕府だった。そこに頼朝の賢明さを見る思いがする。

続いて、頼朝がどのような者たちをスカウトしたか見ていこう。

京都から招聘した吏僚たち

頼朝の死後、二代将軍頼家を支えるべく選抜された宿老十三人の中には、四人の吏僚がいる。

十三人の内訳だが、武士が北条時政・同義時・三浦義澄・和田義盛・梶原景時・比企能員《ひきよしかず》・

安達盛長・足立遠元《とおもと》・八田知家の九人で、文士（文官）が中原親能《ちかよし》・大江広元・三善康信・二階堂行政《ゆきまさ》の四人になる。武士たちは各氏族の長であり、軍事的な貢献度が高かった。その一方、文士四人に軍事的貢献は皆無だ。

今回は経営力という趣旨なので、文士のみ紹介するが、十三人の詳細を知りたい方は、拙著『鎌倉殿を歩く　一一九九年の記憶』（歴史探訪社）を読んでいただきたい。

まず文士の筆頭に挙げられるのは大江広元だろう。京の公家たちから「二品《にほん》（頼朝）御腹心専一者」と呼ばれるほど頼朝の懐刀として活躍したこの文士は、下級公家の出身で、京にいる限り、出世は頭打ちだった。ところが実兄の中原親能が先に頼朝にスカウトされた縁で鎌倉幕府に招聘《しょうへい》されると、その手腕をいかんなく発揮し、まさに「鎌倉幕府創設の立役者」と呼ぶにふさわしい活躍を見せる。

だが風見鶏だったのも確かで、一本筋の通った人物というより、状況に応じて権力者に従っていた側面がある。しかしそれも、鎌倉幕府の安定という側面からすれば致し方なかったのも事実だ。言うなれば鎌倉幕府は、大江広元の作品であると言っても過言ではなく、後に「大江幕府」と呼ばれるのも当然の気がする。

広元の兄の中原親能は、明法道《みょうぼうどう》を家学とする家の出で、広元と共に法律に明るかった。だが彼の本領は主に朝廷との外交面で発揮され、京都守護や政所公事《まんどころくじ》奉行などを歴任し、鎌倉幕府を陰に陽に支えていた。広元のように頼朝の側近的な位置づけではなかったが、その性格が野心家ではなく実務家だったので、頼朝の謀臣的立場には成り得なかったのだろう。

明法家《みょうぼうか》兼算道家で太政官書記を世襲する中級貴族の家に生まれた三善康信は、初代問注所執事《もんちゅうじょ》（今で言えば最高裁長官）となって辣腕を振るった。頼朝の死から二代頼家の擁立に至る鎌倉幕府存続の危機において、「十三人の宿老体制」を積極的に推し進めたのも康信と言われ、要所で存在感を示している。彼の法律家としての公正さが、鎌倉幕府の信用を高めていたのは言うまでもない。

二階堂行政は会計、法令、訴訟などの行政文書作成の専門家だった。奥州征伐では戦後処理を託され、頼朝の上洛行にも同行した。おそらく庶務全般を担っていたと思われる。また頼朝が永福寺《ようふくじ》を建立することになった時は、行政が造立奉行《ぞうりゅう》を命じられた。行政は普請作事にも精通していたからだろう。いわば典型的な実務官僚で、後の石田三成に通じるものがある。

この四人なくして鎌倉幕府は続かなかったと言っても過言ではないが、彼らを政権の中枢に据えた頼朝の慧眼《けいがん》なくして、彼らの活躍の場もなかったと言えるだろう。やはり頼朝は、ただ者ではなかったのだ。

御家人管理体制

頼朝と大江広元らスタッフは、「御恩と奉公」という所領の安堵と新恩給与と引き換えに、武士たちを鎌倉幕府のために奉仕させる仕組みを生み出した。これは画期的なことで、武門のトップが、自家の郎党や所従以外の武士たちとの間に主従関係を築く端緒となった。すなわち開発領主の所領と権益を、上位機関が法的に守ってくれるとなったことで、開発領主らも幕府に忠節を誓い、幕府は強力な軍事集団を形成していくことになる。

かくして木曾義仲、伊勢平氏、義経と奥州藤原氏といった敵対勢力を滅ぼした頼朝は、朝廷から右近衛大将に補任《ぶにん》され、その率いる幕府は「唯一の官軍」として認知された。

これは、政治を司る朝廷、宗教を司る大社大寺と並ぶ軍事権門の誕生を意味した。つまり朝廷が幕府を認めた時、東国のローカルな軍事集団は、朝廷を支える軍事権門に成長したことになる。同時に頼朝を頂点とした御家人たちの地位も、朝廷の身分秩序の中に包摂《ほうせつ》されることになった。

だが頼朝は平家政権から学んでいた。官位の下賜という朝廷の特権を駆使されると、御家人たちが朝廷と直接結び付く。それを防ぐには、幕府が官位推挙権の一元的掌握をせねばならない。要は「武家の官位については、幕府の推挙なしに与えないでくれ」と釘を刺すことで朝廷と距離を取り、幕府を独立した組織としたのだ。

古来、武士たちにとって朝廷から与えられる官位は、自らの権威を示すと同時に、所領を支配する正当性を保証するものだった。その推挙権を頼朝が一元的に管理することで、幕府は朝廷の下部組織（軍事権門）となっても独立を保ち得たのだ。

一方、頼朝が幕府を創設した頃は、朝廷側にも後白河、源通親《みちちか》、後鳥羽天皇といった一筋縄

鎌倉幕府「御恩」と「奉公」

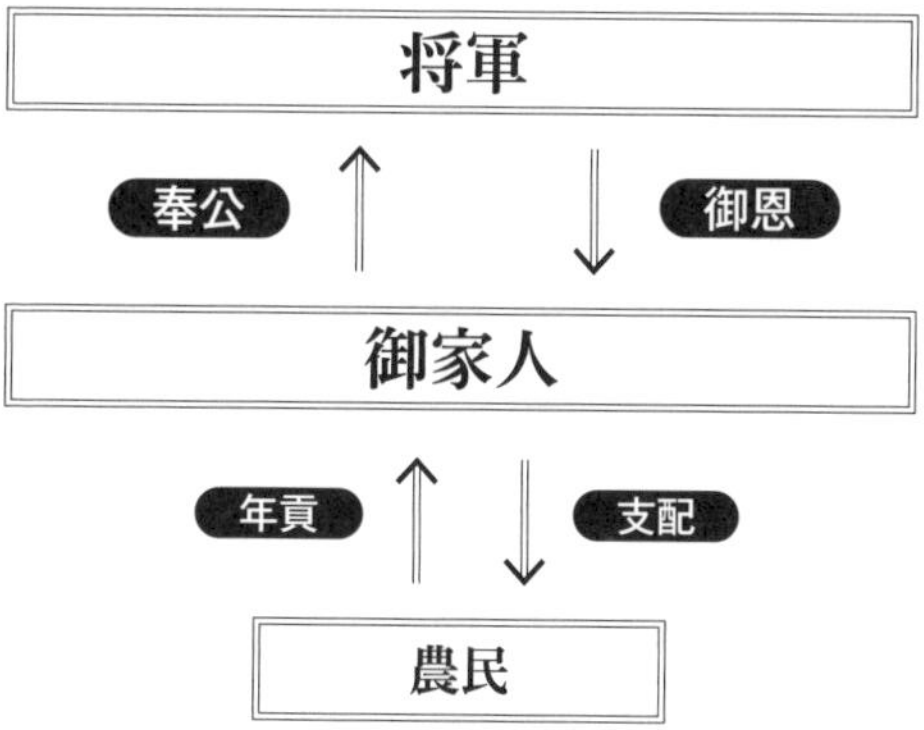

鎌倉幕府の組織図

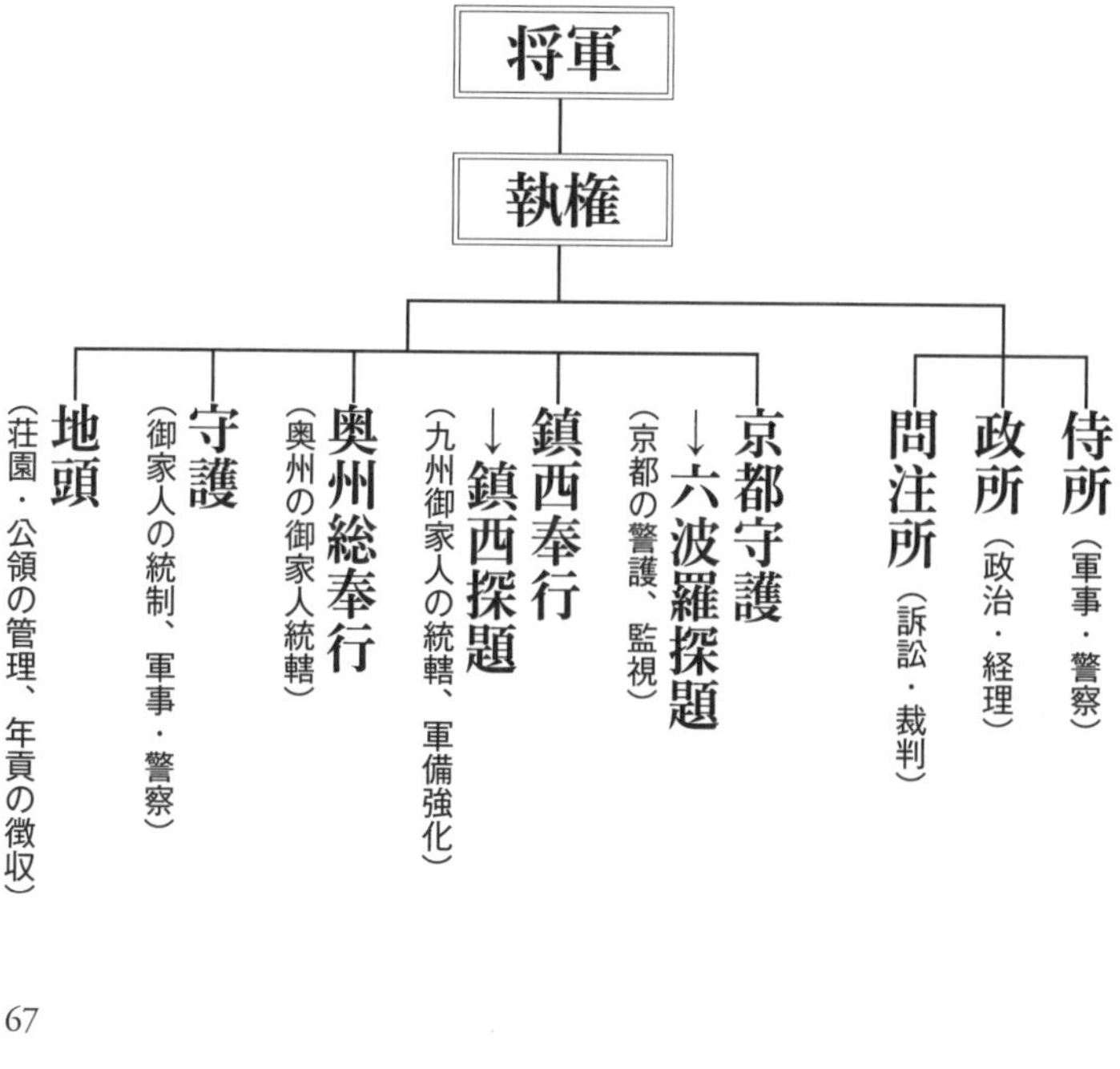

ではいかない人材が輩出した時期で、その晩年、頼朝でさえ朝廷に取り込まれそうになる。その傾向は頼朝の死後も強まり、後鳥羽とソウルフレンドのような関係を結んだ三代将軍実朝《さねとも》は、次期将軍に後鳥羽の息子を迎えようとするところまで行く。

つまり平清盛がそうだったように、幕府も朝廷の下僕のような立場に進んでいったことになる。それだけ朝廷というのは魅力的であり、武士たちにとって憧憬を通り越した崇拝の対象だったのだ。

鎌倉幕府の組織

稀代の政治家・頼朝でも、当初から一貫したビジョンの下に統治機構を整えていったわけではない。とくに源氏将軍が途絶えた後の組織、いわゆる摂家将軍や皇族将軍を執権と連署が支え、その下に政所（政治）、侍所（軍事）、問注所（裁判）を担当する明確な組織は、幕府草創期にはなかった。また頼朝の時代の地方統治機関は京都守護や奥州総奉行くらいだが、これが北条得宗《とくそう》家の時代になると、六波羅探題や鎮西探題などを設け、より発達した組織に変わっていく。

鎌倉時代初期において組織的なものの萌芽が見られるのは、文治《ぶんじ》元年（一一八五）十一月のことだ。頼朝の求めに応じ、朝廷は頼朝を「日本国総追捕《ついぶ》使・日本国総地頭」に任命し、頼朝は配下の御家人たちを頼朝の代理として、「総追捕使・地頭」に任命した。

追捕使とは、国家に対する謀反や大規模な騒乱が起こった時、諸国の在庁官人や諸豪族を指揮下に置いて治安回復を行う臨時職のことだ。それが先々、地頭や守護と名を変えていく。

さらに頼朝は、「総追捕使・地頭」の経費を諸国の国衙《こくが》領と荘園から出すよう求め、さらに諸国の在庁官人や郡司・郷司といった役人の任免権も要求した。後白河率いる朝廷は、鎌倉幕府の軍事力を恐れ、これらの要求を認めざるを得なかった。

続いて鎌倉幕府の組織だが、中央の機関として最初に設置されたのは侍所だった。侍所は御家人たちを統制する軍事・警察部門で、頼朝が鎌倉入りしてすぐの治承《じしょう》四年（一一八〇）の十一月に発足した。これは御家人たちの所領をめぐる揉め事や訴訟が、初期から多かったことに起因する。

続いて元暦《げんりゃく》元年（一一八四）、問注所が発足した。これは訴訟を受け付け、公正な裁きを行う機関で、境目紛争などを自力救済に求めず、訴訟することが推奨されていく。

これと同時に新設されたのが、政務全般と財政を担う政所となる。

ここに侍所、政所、問注所という幕府草創期を担う三つの機関が出そろったことになる。

ただしこの三機関は、次第に変容を遂げ、鎌倉時代末期には、それぞれが訴訟を取り扱うようになった。つまり政所が鎌倉市中の、問注所が鎌倉市中以外の東国の、侍所が検断沙汰と呼ばれる刑事訴訟を裁くことになる。この方が引き継ぎなどの手間が省け、合理的だったのだろう。

三機関は完全な縦割り組織で、それぞれの縄張り意識が強かったこともあるが、適時その役割を変えていった。その点、鎌倉幕府は朝廷よりも考え方が柔軟だったと言えるだろう。
承久《じょうきゅう》の乱を経て、鎌倉幕府の権力はより強化され、盤石とも言える体制が確立されていった。

鎌倉幕府とは何だったのか

端的に言えば、鎌倉幕府とは武士たちの権益を朝廷権力から守る機関だったと言える。当初から頼朝は武家政権の創出を意図したわけではなく、朝廷に従属しつつ、配下となる御家人の利益代表として朝廷に掛け合うための組合長のような立場を目指していた。しかしその理念に賛同し、御家人となる武士たちが増えるに従い、政権という体裁を取るようになったというのが実態だろう。

そして頼朝の死、頼家の失脚、実朝の謀殺といった事件を経て、源氏将軍は三代で途絶え、鎌倉幕府は北条氏のものとなっていく。そして些細な誤解の積み重ねが疑心暗鬼を増幅し、遂に鎌倉幕府と朝廷の軍事衝突が勃発する。承久の乱である。

しかし賊軍とされながらも、「時代を逆行させたくない」という御家人たちの輿望《よぼう》を担った北条義時は朝廷軍を打ち破り、覇権を握ることになる。

この時の義時の手腕は相当のものだが、実はこの時、箱根を固めて守り戦に徹するという方針を覆したのが、大江広元と三善康信だった。彼らは京都の情報に精通しており、持久戦より

鎌倉武士の守護神・鶴岡八幡宮（鎌倉）

速戦即決の方が勝てると見ていたのだ。

かくして歴史を決定づけたのは、文士の情勢分析力と強気な姿勢だった。というのも、誰よりも鎌倉幕府を守りたかったのが二人だったからだろう。

一方、朝廷側の指導者が様々な分野に天才的手腕を発揮した後鳥羽でなかったら、こんな暴挙に出ることもなかったはずだ。しかし朝廷は自滅するかのように鎌倉幕府に武力で戦いを挑み、長年にわたって培ってきた権力を手放すことになる。

武力という相手の土俵に、あえて自分から飛び込んでしまい、墓穴を掘った典型例こそ承久の乱だろう。後白河のように考え抜かれた策謀と政治的駆け引きこそ、朝廷の得意とするところだが、それを放棄して武力で勝負した時点で、後鳥羽の負けは確定していたのだ。

自らの強みを忘れて相手の強みで勝負してはいけないことを、後鳥羽は教えてくれた。

かくして承久の乱を経て鎌倉幕府は強化され、また御家人たちの心も、自分たちの所領と利権を守ってくれる政権を、これまで以上に支持することになる。

ここに北条得宗家による強固な武家政権、真の鎌倉幕府が成立することになる。そうした意味では、源氏将軍三代の時代は幕府の助走期間に過ぎず、その後にこそ、鎌倉幕府の真価も存在意義も示されたと言えるだろう。

最後に頼朝の経営力を検証してみたい。

頼朝の場合、最大の功績は京都から大江広元らを招聘したことだが、それこそは先見の明があったことになる。成り行きとはいえタイミングよく挙兵し、「御恩と奉公」というビジョンを編み出すことで、強力な軍団を形成できたことも大きい。だが何と言っても明治維新まで続く武家政権を築いた功績は絶大だ。

その反面、弟の義経や範頼《のりより》を粛清し、敵対勢力を軍事力で排除していったことは、武家の棟梁にふさわしくはない。その点、陰湿で疑い深い人間性だったと断じざるを得ない。またその晩年、朝廷勢力にかなりの巻き返しを許したのも事実で、北条義時という逸材が側近にいなければ、武家政権は崩壊した可能性すらある。

だがそうした点を差し引いても、「収穫は土をこねた者の手に」というビジョンを武家政権として結実させたのは事実で、その功績は大きなものだったと言えるだろう。

源頼朝の経営力

評価チャート

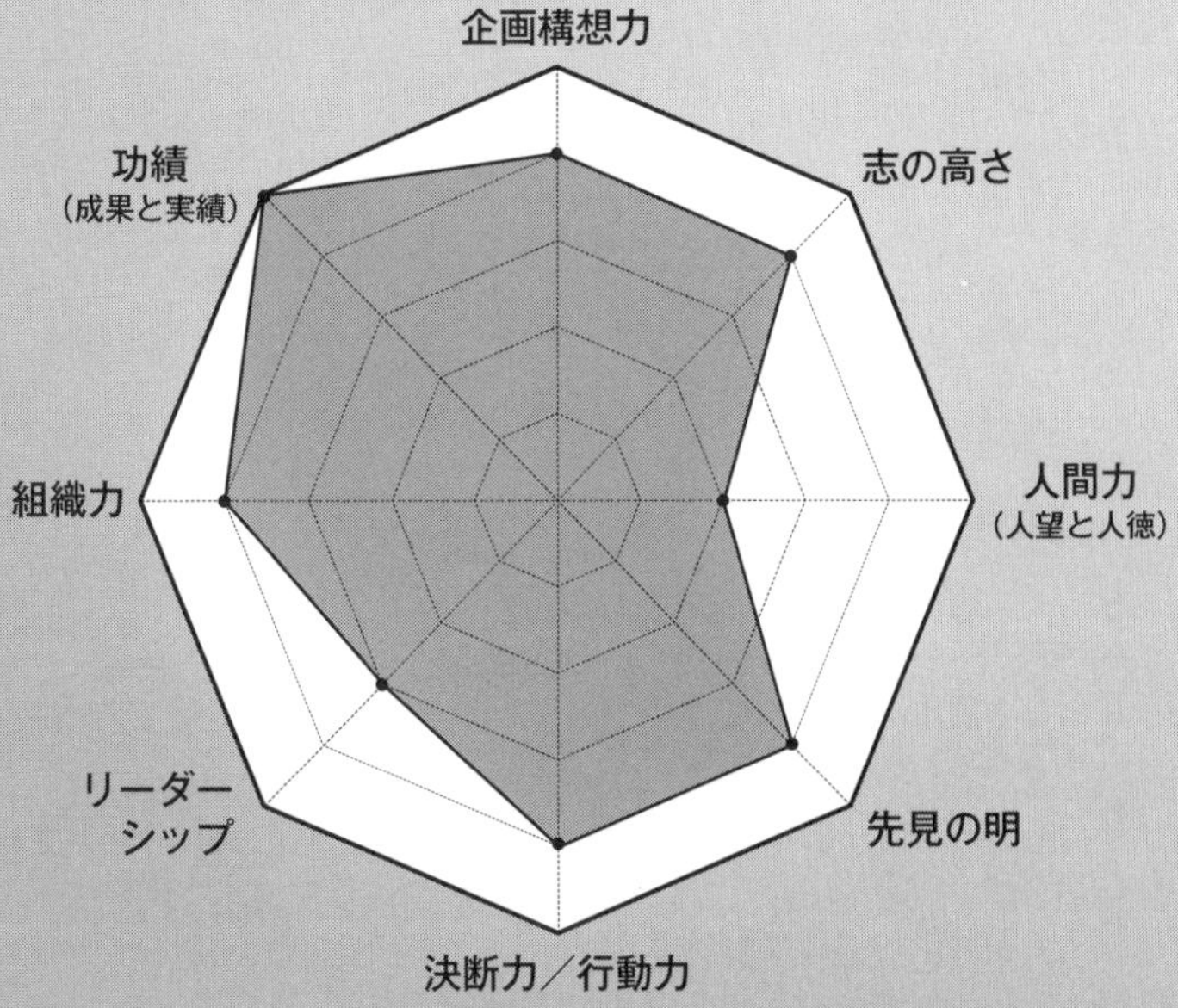

総合評点

30点
／40

※各評価項目を5点満点として
全評点を合算（40点満点）

第五回

卓越した資産運用力で蓄財に成功したビジネスウーマン

日《ひ》野《の》富《とみ》子《こ》

一四四〇年（永享十二年）～一四九六年（明応五年）

——室町——

日野富子って誰？

元弘《げんこう》三年（一三三三）、鎌倉幕府を倒した後醍醐《ごだいご》天皇は新政権を立ち上げたものの、「建武《けんむ》の新政」はすぐに行き詰まった。その原因は多々あるが、端的に言えば、討幕の原動力となった武士たちにとって満足のいく政権ではなかったからだ。

こうした武士たちの輿望を担い、足利尊氏《あしかがたかうじ》は反旗を翻した。だが朝敵とされた不利は否めず、反逆の大義もないため苦戦を強いられた。そこで政権の正統性を獲得するために、後醍醐天皇の大覚寺統《だいかくじとう》と皇統を争っていた持明院統《じみょういんとう》を担ぐことにした。

この橋渡しをしたのが醍醐寺三宝院《さんぼういん》の賢俊《けんしゅん》だった。賢俊は権大納言《ごんのだいなごん》・日野俊光《としみつ》の息子で、兄は討幕活動の中心にいた日野資朝《すけとも》だった。賢俊も兄に協力して討幕に加担し、持明院統の光厳《こうごん》上皇から院宣《いんぜん》を賜り、尊氏らの逆転勝利に貢献した。こうしたことから、足利・日野両家は切っても切れない間柄となる。

その後、日野家の娘たちは、三代将軍義満《よしみつ》の正室を皮切りに足利将軍に嫁いでいく。本稿の主人公の富子もその一人だった。

永享《えいきょう》十二年（一四四〇）、富子は生まれた。十二歳上の兄の勝光《かつみつ》は従一位左大臣まで上り詰めることになる実力者で、後々、富子はこの兄との二人三脚で政治を動かしていく。

勝光と共に富子が政治の表舞台に上がることになったのは、富子の夫で八代将軍義政が政治への関心をなくし、趣味の築庭《ちくてい》や御殿建築にしか興味を示さなくなったからだ。

しかもこの頃、後に「長禄《ちょうろく》・寛正《かんしょう》の飢饉《ききん》」と呼ばれる大飢饉が畿内周辺を襲い、耕作を放棄した流民《るみん》が京都に流れ込んできた。だが義政はそんなことはお構いなしに、莫大な資金を必要とする「花の御所」を再建するという暴挙に出る。その最中に始まったのが「応仁《おうにん》・文明《ぶんめい》の乱」だった。その原因や経緯についてはここで記さないが、義政の優柔不断さが乱の拡大に拍車を掛けたのは、紛れもない事実だった。

これが富子の生きた時代になるが、本稿では、その時代を経済という側面から考えてみたい。

室町時代と貨幣経済の発展

室町時代は、農業生産性が飛躍的に上がった時代だった。とくに畿内の一部でしか行われて

日野富子木像（宝鏡寺所蔵）

いなかった二毛作が西国から関東にまで広がり、畿内では米・そば・麦の三毛作さえ行われた。紙や着物の原料となる商品作物、また茶や漆《うるし》などの贅沢品の栽培も始まり、農村に生活の余裕が生まれてきた。

これにより人の多い場所には市が立ち、問《とい》屋《や》と呼ばれる卸問屋が生まれ、連雀《れんじゃく》商人や振《ふり》売《うり》といった行商も増えていった。また鎌倉時代には珍しかった見世棚（常設小売店）も姿を見せ始める。商業の時代が始まったのだ。

こうした中、貨幣の需要は日増しに高まっていった。しかしこの時代、紙幣は信用されておらず、銅銭などの銭貨《せんか》が貨幣経済の中心になる。しかし日本では銭貨の鋳造ができなかったため、明からの輸入に頼らざるを得なかった。いわゆる渡来銭である。

三代将軍義満は日明貿易の利を求め、自ら

朝貢を行うことで明の冊封《さくほう》体制に入った。これにより「永楽通宝」などの銅銭が潤沢に入ってきた。

臣下の礼を取るだけで見返りに大量の銭貨をもらえるのだから、これほどおいしい話はない。これにより貨幣経済は一気に進展し、大いに潤った義満は北山文化の華を咲かせる。

後の安土・桃山文化にも言えることだが、これは文化というものが経済と不可分だということの証しになるだろう。

最近、成功した起業家や資産家が、経済的な自由を得たことで心に余裕ができ、アートを収集したり、アーティストたちのパトロンになったりするのと似ている。新たな文化芸術の開花は、経済的支援あってのものなのだ。

ところが、わが世の春を謳歌していた室町幕府は、四代将軍義持の時代に入ると外交方針を一変させる。日明交易を中止させたのだ。それも「臣下の礼を取るのは屈辱的だから」という感情的な理由で、貨幣経済の発展を押しとどめたのだから恐れ入る。そうなれば銭貨は入ってこない。かくして日本は慢性的な銭貨不足に陥った。

マネーストック（通貨総量）が不足気味になると、当然景気は後退する。当時は「日銀によるマネタリーベースのコントロール」などないので、急激なデフレが進行していった。

当時、日銀の代わりとなるのが権門寺院や禅門（禅宗勢力）だった。留学僧を大陸国家に送ることで強いパイプを築いてきた延暦寺や興福寺といった権門寺院や禅門が交易の担い手となり、自然な流れで銭貨の蛇口を握っていた。しかし日明交易が中止されたことで、彼らもお手上げになってしまう。

その後、六代将軍義教《よしのり》が日明貿易を復活させるが、その頃は明で銅の産出が停滞し、思ったように銭貨が入ってこなくなる。しかも明は、遣明船の来航を十年に一度にしてくれと言ってきた。つまり制限貿易によって日本への銭貨の流出を防ごうとしたのだ。

同時に備蓄銭の流行もデフレを加速させた。備蓄銭とは銅銭を紐で結び、甕《かめ》や壺に入れて地中に埋めることだ。

僧や商人は銅銭の価値に敏感なので、将来的に銅銭の流入が減って値打ちが上がると見るや、余剰の銅銭を備蓄する。銅銭が不足すればするだけ、銅銭一枚の値打ちが上がる。ただし明の交易方針が変わるか、明で新たな銅山が見つかれば、銅銭の値打ちは下がる。もちろんそのリスクは低いので、誰もが備蓄に励むことになる。当然、皆が備蓄を始めれば、市中の銅銭は枯《こ》渇《かつ》し、さらにデフレが進むという悪循環に陥る。

面白いのは、現代になってから、各地で甕や壺に入った備蓄銭が見つかることだ。おそらく埋めた本人が急死するか何らかの理由で、埋めたままになってしまったのだろう。

かくしてデフレの波は、瞬く間に日本全土を覆うことになる。

実は「応仁・文明の乱」が勃発した頃は、こうしたデフレ基調の真っただ中にあった。すなわち景気が悪化し、それが長引いていったことに乱の遠因があったのだ。

禅門の勢力伸長

富子の経営力、すなわち理財（運用ないしは利殖）を検証していく前に、この時代に著しく教線を伸ばし、従来の宗教勢力（権門寺院）を凌駕《りょうが》するほど力を持つようになった禅門について考えていきたい。

飛鳥時代以降、仏教は諸政権の後押しもあって急速に浸透していった。そうした中、臨済宗に代表される禅宗は、栄西《えいさい》によって鎌倉時代初期に日本にもたらされた。

その後、留学僧を通じて大陸国家との伝手《つて》を増やしていった禅門は、多くの経典や漢籍、茶葉や茶の湯といった嗜好品や習慣、また茶道具や書画骨董などを日本に持ち込んだ。

だが多大な権益を有する権門寺院と伍していくのは容易でない。その活路を栄西は交易に求めた。これはうまくいき、独自ルートの交易によって禅門は裕福になっていく。

その後、栄西やその後継者たちは、鎌倉幕府と手を組むことで、さらに勢力を拡大していった。鎌倉幕府は権門寺院の勢力があまりに強くなり、頭を悩ましていた折でもあり、禅門を優遇して対抗勢力に育てようとしたのだ。

鎌倉時代から室町時代初期にかけて、禅門の教線は急速に伸びた。しかし室町幕府の四代将軍義持によって日明交易が衰えると、教線の伸張にも陰りが見えてきた。そのため幕府に働き掛け、没落公家や南朝方の荘園を拝領し、さらに武士の荘園管理を代行することで勢力を維持した。

かくして荘園利権から上がる利益の一部を幕府に献金し、禅門は巨大勢力へと成長していく。鎌倉時代には鎌倉五山、室町時代には京都五山という形で寺院の組織化も進み、権門寺院が見る影もなくなるほど強固な地盤を築いていった。

禅門の勢力伸張により、自分たちの既得権益が侵されそうになった権門寺院は、何かと言えば禅門と諍《いさか》いを起こし、幕府に訴えた。だが幕府は禅門から多額の献金を受け取っており、権門寺院の訴えに耳を貸さなかった。かくして双方の差は開くばかりとなる。

禅門は権門寺院に倣い、金融にも手を出した。権門寺院は土倉《どそう》や酒屋といった市中金融業者（いわゆるサラ金）に元手となる資金を提供し、それを土倉や酒屋が中小の商工業者や庶民に貸し付けていたが、この分野に禅門も参入したのだ。

土倉とは納屋（倉庫業）や問丸（運送業）などを兼ねる貸金業者で、質草を収める土壁の蔵が敷地内にあるため、そう呼ばれるようになった。土倉には酒屋（醸造所）を兼業で営んでいる店もあり、その場合は酒屋と呼ばれた。

さらに禅門は「東班衆《とうばんしゅう》」という理財専門の僧たちを養成することで、旧態依然とした貸出方法から脱せられなかった権門寺院との差を広げていった。

金融が盛んになると、取り立ても重要な仕事になる。

これまでも借金を返さない者がいれば、土倉や酒屋は元手を出している寺院の末寺《まつじ》に泣きつく。となると権門寺院は僧兵を繰り出す。しかしここからが違う。禅門には提携している土豪や武士集団があり、取り立て業務を委託したのだ。

僧兵は正社員なので固定費が掛かる。だが土豪や武士は「外注さん」なので固定費が掛からない。そのため禅門は荘園の代官業務まで土豪たちに外注した。

これは禅門の賢さの一例だが、全く新たなビジネスモデルを築くよりも、そのウイークポイントをマイナーチェンジした者が、効率よく勝ち残ることを証明したと言えるだろう。

日野富子の理財センス

康正《こうしょう》元年（一四五五）、「かくれなき美婦人」（『応仁記』）と謳われた十六歳の富子は、二十歳の義政の許に輿入れした。ちなみに女性の美醜を書き残した史料は少ない。記録に残るのが高い身分の女性だったこともあり、美醜を書くのが憚られたからだ。管見ながら室町時代以前で、「美しい」と記録に残る高貴の人は推古大王くらいだ。

「かくれなき美婦人」富子が、幕府の主導権を握る以前の幕府の財政状況から見ていこう。

そもそも室町幕府の収入源は多岐にわたる。将軍直轄領（御料所）からの料足（年貢かそれに代わるもの）、守護や地頭が上納する賦課金、酒屋役・土倉役とよばれる高利貸の認可料（ライセンス料）や役銭（税金）、日明貿易の利益、庶民の税にあたる段銭《たんせん》や棟別銭《むなべつせん》、港の使用料にあたる津料《つりょう》、そして五山からの献金などが挙げられる。また関銭《せきせん》収入も馬鹿にならなかった。

義政将軍時代の初期にあたる長禄三年（一四五九）、幕府は京都七口やその周辺に勝手に設けられていた旧関を廃止し、京都七口だけに新たな関を設けた。翌寛正元年には東海道の諸関を撤廃し、こちらも新たな関を設けた。関では通行人から関銭を徴収する。それが幕府の財源の一つになっていく。

そもそも関は警察的かつ軍事的な関門という目的もあるが、平時は、その道を通過する人馬から銭貨を徴収することを目的として設置される。肝心の関銭だが、地域によるばらつきは少なく、室町時代は一人三文から十文、荷を背負った馬がいれば一頭あたり十文から二十文を徴収された。ここから分かることは、関の統廃合や新規の設置を強制的に行えるほど、義政の時代になっても幕府の権力が衰えていないこと。また関銭収入も十五世紀半ば頃までは徴収できていたことだ。

しかし「長禄・寛正の大飢饉」により農村は疲弊し、応仁元年（一四六七）に勃発した応仁・文明の乱により、一転して幕府財政は窮乏する。幕府財政を支えてきた土倉や酒屋からの役銭も戦乱によって減る一方で、京都七口に設けた関も一揆によって破壊された。こうしたことが重なり、幕府財政は行き詰まった。さらに戦乱の波及により、幕府御料所からの料足も途絶えがちになり、さらに幕府は困窮する。

こうした中、富子だけが蓄財に成功していたことになる。定説では幕府から化粧料《けわいりょう》のような形で御料所をもらい、またその地に関を設け、関銭を徴収していたとされるが、戦乱や一揆によって、幕府でさえ関銭がまともに入らないのだ。そんな中、兵を持たない富子が、どうして関銭だけで巨万の富を築けるのだろう。現に富子は、幕府が京都七口に設けた関を復活させようとするが、一揆の反発に遭って失敗している。

結局、窮乏する幕府を尻目に富子だけが蓄財できた理由は、一次史料には残っていない。となれば仮説を立て、それを検証していくことで、富子が蓄財に成功した理由を見出していかねばならない。

これは仮説だが、後に富子が「大名貸し（大名への高利の貸付）」をやったという記録があるが、それ以前にも、禅門のように土倉や酒屋を使って理財していた可能性は否定できない。もちろん元手は関銭や賄賂によって蓄えたとしても、後に富子の遺産が「七宝なお庫蔵《こぞう》に満つ」と謳われるほどだったことを思えば、実に巧妙に利殖していったと分かる。蓄財に関して、富子は義政や幕府の官僚たちも敵わない才能を持っていたに違いない。

女将軍・富子の手腕

「応仁・文明の乱」の主役の二人、細川勝元と山名宗全が死去した後の文明六年（一四七四）、西軍の畠山義就《よしひろ》と大内政弘が日野勝光に降伏を申し出た。

このような和平の機運が生じたのは、大名たちの戦費支出が限界に達していたためで、もはや長陣の負担に耐えられなくなってきたからだ。

ここで重要なのは、武将たちが降伏を公家の勝光に申し出ていることで、その背後の富子に話を通してほしいという含みがあったと推測できる。

『尋尊《じんそん》大僧正記』には、義政が「連々御大酒」ばかりに浸っているので、天下のことは「女中」すなわち富子が行っていると書かれている。この時、九代将軍義尚《よしひさ》は十歳で、前年に即位したばかりだった。これまで幕府政治を取り仕切っていた管領《かんれい》の細川勝元は、義尚の将軍就任の約半年後に死去している。

つまり女将軍体制、ないしは「富子―勝光体制」は文明五年頃から始まったと言えるだろう。しかし文明八年には勝光も病没するので、「富子―勝光体制」は比較的短期間だった。そして文明九年（一四七七）、十一年にわたった「応仁・文明の乱」は終結した。これは富子一人の政治手腕によるものだろう。ところが歴史上の富子の評価は芳しくない。

『尋尊大僧正記』を書いた尋尊は富子のことを嫌っており、それが後世に至るまで富子の評価を決定づけた。尋尊は「賄賂」「大名貸し」「米倉の設置と米商売」の三点から富子を非難している。

では、この三点が悪行かどうかを検証していこう。

武士階級において官位昇進、守護職などの役職補任《ぶにん》、所領安堵などがあった場合、多額の礼銭や礼物《れいもつ》を将軍家に献上するのは慣習だった。口利き料である。しかし義政の名でこれらが叶ったとしても、実質的に口利きしたのは富子であり、富子が礼銭や礼物を受け取るのは当然の

日野富子は悪女？

三大悪行？

賄賂

実は…

昇進、所領安堵の口利き料

大名貸し

実は…

武具を取り上げ兵を国元に帰し戦乱を収めた

米倉の設置と米商売

実は…

幕府財源の確保、飢饉のための備蓄米の側面も

つまりすべて正当な経済活動だった！

権利だろう。

　また富子が豊富な財力によって大名や武将に高利貸しをしていたという「大名貸し」だが、金を貸し付ける交換条件として武具を担保に取り、また兵を引き連れて国元に帰ることを条件にしたので、考え方によっては都を戦火から守ったことになる。

　確かな記録としては、畠山義就に一千貫文（現代価値で一億円から一億五千万円）を貸し付けて京都から追い出したというものや、その逆に大内政広に三百九十貫文を上納させ、その代わりとして領国を安堵し、従四位に昇叙させることで撤兵させるといった銭貨を使った停戦をやり遂げた。

　最後に「米倉の設置と米商売」だが、自らの財を増やすためのこうした行為を、現代人は資産運用と呼ぶ。そのどこが悪いのだろう。

だいいち米倉の設置と米商売が、必ずしも私腹を肥やすものとは言えず、将軍義尚を支える財源の確保、ないしは飢饉に陥った時の救恤《きゅうじゅつ》策として使うための備蓄米という側面もあった。つまり富子は悪女などではなく、極めて頭が切れる上に実行力のあるビジネスウーマンだったのだ。

富子の最期

誰にでも落日は来る。長享《ちょうきょう》三年（一四八九）、富子の唯一の男子となる九代将軍義尚が、出陣先の近江国で病没する。過度の飲酒が原因だった。享年は二十五。

富子は「四歳の時に父と死別して以来、これほどの悲しみに出遭ったことはなく、茫然とするばかりである」と語っている（『蔭涼軒日録《いんりょうけんにちろく》』）。

京都で葬礼の儀が執り行われたが、義政は中風で動けず、息子の葬儀にさえ参列できなかった。そのため富子が陣頭指揮を執り、将軍にふさわしい盛大な葬礼を執り行った。しかも富子は、葬儀から供養に至るまでの経費一千貫文すべてを負担した。

さらに義尚が生前着用していた装束を、七条袈裟などに縫い直させ、義尚と縁の深かった諸寺や僧侶に贈った。それを受け取りに行った僧侶の一人が富子と面談した際、「尊顔太美也《そんがんはなはだびなり》」と書き残している。五十歳を迎えても、富子の容色は衰えていなかった。

翌延徳《えんとく》二年（一四九〇）には、義政がこの世を去り、富子は落飾《らくしょく》して尼御前《あまごぜ》となった。

そして明応五年（一四九六）、富子も病没する。享年は五十七だった。その残した遺産は一説に七万貫文と言われる。これは現代価値では七十億円以上となり、当時の物価からすると途方もない額になる。

富子の死を知ったある公家の日記には、「その死を知った諸人は天を仰いで嘆き悲しんだ」とあり、富子が万人から慕い仰がれる人物だったことを証明している。

最後に富子の経営力を検証してみたい。

まず突出して高いのが企画構想力と功績だろう。応仁・文明の乱を終結させるために銭の力を使うという妙手を編み出し、結果的に乱を終結させたのだから、最大級の評価を与えてもよいと思われる。また資産運用によって莫大な富を築き、粥施餓鬼《せがき》などを行って民を飢餓から救い、困窮した朝廷をも支えた。また富子が贅を尽くした屋敷や別荘を造ったという記録はなく、自らのためでなく蓄財していったと分かるだろう。つまり志が高いのだ。

こうしたことから、富子は類まれな頭脳と人望・人徳を備えた傑物だったと思う。

日野富子の経営力

評価チャート

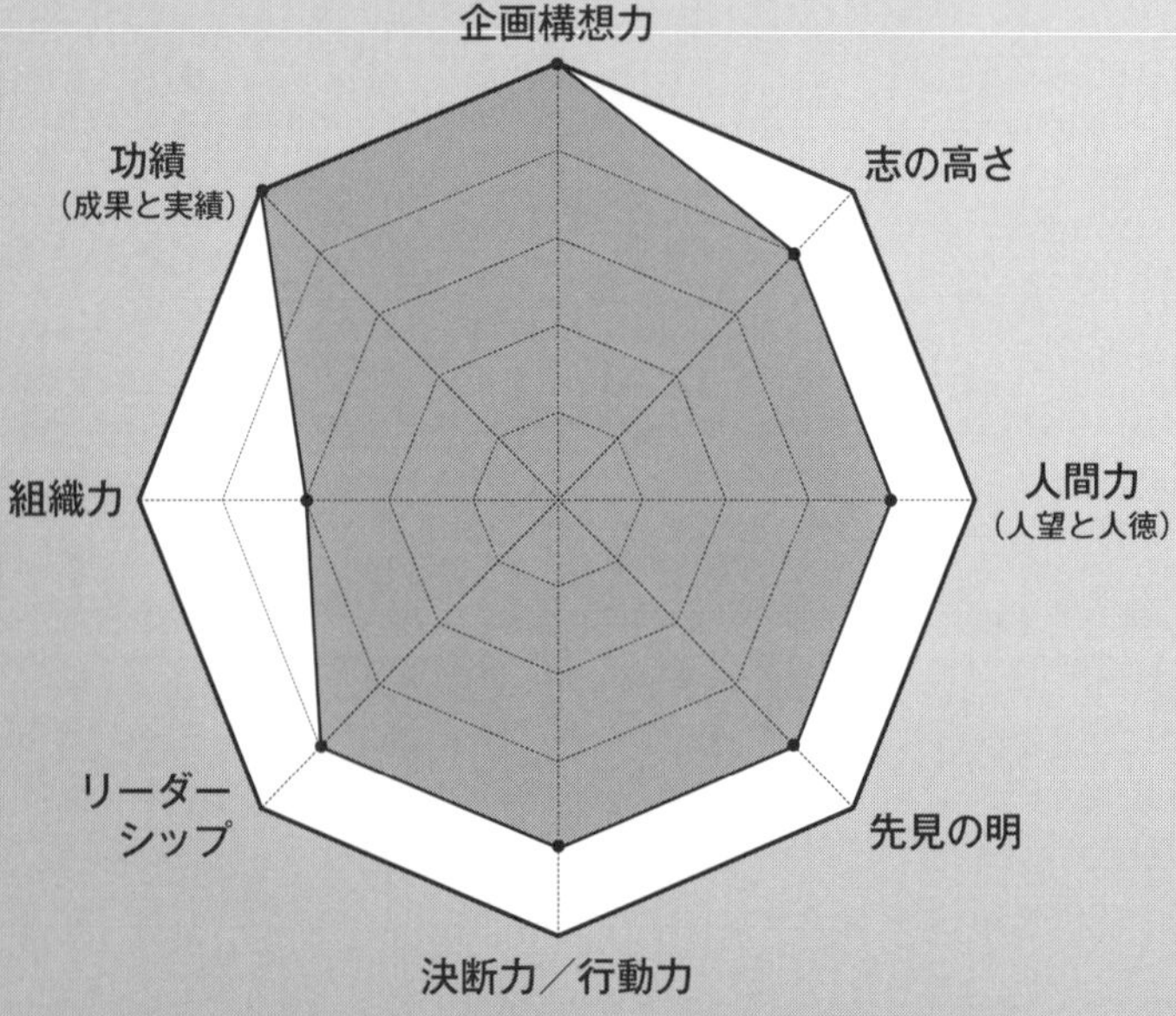

総合評点

33点
／40

※各評価項目を5点満点として
全評点を合算（40点満点）

――戦国～安土――

第六回

交易と商業をベースにした国家を目指した 織《お》田《だ》信《のぶ》長《なが》

一五三四年（天文三年）～一五八二年（天正十年）

信秀と信長

織田信長は天文《てんぶん》三年（一五三四）、尾張国の勝幡《しょばた》城で生まれた（那古野《なごや》城は間違い）。室町時代の武家社会で、その出自は必ずしも恵まれたものではなかった。というのも信長の織田弾正忠《だんじょうのじょう》家は、尾張守護・斯波《しば》氏の守護代・織田大和守《やまとのかみ》家の三家老（清須三奉行）の一つにすぎなかったからだ。

しかし信長の父の信秀は有能なことこの上なく、主君の織田大和守家を支えつつ、自らの勢力を蓄えていった。やがて信秀は尾張国の南半分を手中にすることになるが、それを可能としたのは財力があってだった。

当時の濃尾平野は関東平野に次ぐ広さで、木曽川の氾濫がしばしばあるとはいえ、肥沃《ひよく》な耕地が広がっていた。だが地生えの国人たちの勢力が強く、いかに軍事力を有していても、国人たちの所領を奪取していくには、労力と時間がかかりすぎる。

農民たちは、その土地の支配者の国人たちと強い絆で結ばれているので、力ずくで領国を拡大しようとすると、それなりの代償を払わねばならなくなる。たとえ国人たちを倒せても、農民たちが逃げ出して農地が疲弊してしまえば、そこから富は生まれない。

つまり土地というレッドオーシャンを徐々に切り取っていくのに時間がかかり、やがて寿命は尽きてしまう。現に信長同様優秀だった信秀は、当時としても若い四十二歳で死去したことで、尾張統一事業は頓挫する。

そもそも信秀が尾張半国の領主になれたのは、ブルーオーシャンすなわち伊勢湾交易網と木曾川水運を支配下に置くことができたからだ。

戦国時代は、農業生産性が飛躍的に向上し、商品流通が急速に活発になった時代だった。信秀の場合、東国から伊勢湾に入ってくる余剰米を自領の港の熱田《あつた》や津島で陸揚げさせ、畿内で売りさばくことで莫大な利益を上げた。つまり東国の農作物が太平洋水運を使って伊勢湾に入り、水揚げされる港が信秀の支配している津島や熱田だったのだ。もちろん交易の利は商人のものだが、「関銭」や「津料《つりょう》」という港湾利用税で信秀の懐は豊かになっていった。むろん港湾整備や海賊退治などの役割りを信秀が果たしていたので、商人たちは安心して熱田や津島に寄港したのだ。

織田信長像（愛知県長興寺所蔵）

こうして財力に物を言わせた信秀は、戦わずして国人たちを傘下に収めていき、瞬く間に尾張半国を制した。

信秀の経済力を示すものとして、伊勢神宮に移築資金七百貫文を寄付したり、禁裏修理代として朝廷に四千貫文を寄進したりということが記録として残っている。一貫文の価値が今でいうと十万円くらいなので、四千貫文といえば四億となる。つまり、信秀はとてつもない資金力を持っていたことになる。ちなみに正親町《おおぎまち》天皇が即位した際、毛利元就が寄進したのが二千貫文なので、当時四カ国を支配していた元就を上回る財力を、信秀は有していたことになる。

こうした交易重視の考え方は、信長に引き継がれていく。

交易拠点を重視する信長

信長は海上・湖上交易に強い関心を示した。上洛の途次に琵琶湖水運の要衝・大津を押さえたり、上洛してすぐに瀬戸内海水運の拠点港・堺を支配下に置いたり、大坂から本願寺を追い出そうとするなどしたのも、富を生み出すのは土地ではなく港だという認識が染み付いていたからだ。それは熱田と津島を押さえ、莫大な富を築いた父信秀に学んだからだろう。

土地が富を生み出すためには、管理の難しい農民を統治せねばならず（当時は一向一揆などが絶大な力を持っていた）、信長にとって土地から上がる収穫を利益にするためのプロセスは面倒でならなかったはずだ。それゆえ港を押さえるだけで入ってくる「関銭」や「津料」は魅力的だった。

後に秀吉が大坂に本拠を構えたのも、信長の構想に倣ったというのが定説となっている。現に信長は本願寺から大坂を奪うために十年余という貴重な歳月を使い、それが足枷となって、天下を取る前に死を迎えねばならなかった。それだけ信長は、交易拠点の獲得に執着していたことになる。

南蛮画の隆盛と「四都図」から学んだ信長

十六世紀という信長や秀吉の生きた時代は、スペインやポルトガルの世界進出が本格化し、世界の最東端の日本にも到達した大航海時代の最盛期だった。彼らが大海に漕ぎ出したのは交易による利潤を求めてのものだったが、交易とセットになったイエズス会の教線も日本に伸びてくることになる。

宣教師たちはキリスト教を布教すると同時に、欧州文化（南蛮文化）や科学の先進性を伝えることで、日本をキリスト教国にしようとした。

こうしたことから欧州の文物が日本に流れ込んできた。とくに欧州の様子が描かれた絵画は日本人に衝撃を与えると同時に、異世界への憧れをかき立てるものだった。

絵画を中心にした異国趣味は盛り上がりを見せ、天正《てんしょう》十五年（一五八七）に豊後国で布教活動に携わっていた司祭の一人は、本国へ出した手紙の中で「日本人は欧州の武人や戦いの絵を好む（ので大量に送れ）」と書き残したほどだ。

しかし、日本に入ってくる本場物には限りがある。そのため狩野《かのう》派までもが欧州絵画を模写したり、モチーフとしたりしたほどだ。それでも武将や有徳人（金持ち）たちの注文は引きも切らない。そのためイエズス会は、天草に画学舎（セミナリオ工房）を造って日本人洋画家を養成し、いわゆる南蛮画を量産した。

こうした南蛮画の中に、「四都図《よんとず》」という八曲一隻《はっきょくいっせき》の屏風があった。現存品は画学舎で学んだ日本人画家が描いたものだが、手本となる原画があったのは間違いない。

ここで描かれている四都とは、イスタンブール、ローマ、セビリア、リスボンで、とくにローマの巨大さが際立っている。

当時のヨーロッパでは、イスパニア（スペイン）のフェリペ二世が王統の絶えたポルトガルを合法的に併呑《へいどん》することで（一五八〇年）、セビリアとリスボンという二大港湾都市を支配下に置き（セビリアは内陸部の都市だが河川を使った交易都市と言える）、欧州の交易の約半分を独占していた。その結果、フェリペ二世は欧州で並ぶ者なき富と権勢を手にし、「欧州半国の王」と呼ばれた。

この屏風の原画は、年代的に信長に献上されていた可能性がある。もしそうだとしたら、信長は強い興味を示したのではないだろうか。

では信長は、何を考えていたのか。

信長はフェリペ二世に倣い、寧波《ニンポー》・厦門《アモイ》・広州《グァンジョウ》（香港）・澳門《マカオ》といった大陸にある有数の港湾都市を点で押さえ、そこに城郭都市を築き、西洋諸国との交易から上がる利益を独占するつもりでいたのではないだろうか。

むろん、そうした構想を記した一次史料はない。だが傍証は何点か挙げられる。

例えば鉄甲船と呼ばれる巨船だ。これは信長が九鬼嘉隆に命じて六隻も造らせたもので、天正六年（一五七八）、第二次木津川口海戦で毛利水軍を撃破したことで名を馳せた。しかし鉄甲船は毛利水軍との戦いを想定して建造されたのではなく、大陸沿岸で明水軍と戦うために造られたとしか思えない。

織田信秀・信長、広がる交易網

信秀

「関銭」「津料」

熱田・津島での港湾利用税

←

伊勢湾交易網と木曾川水運を支配下に置く

←

財力で尾張半国を支配

信長

琵琶湖水運の要衝・大津、瀬戸内海運の拠点・堺を支配下に置く

本願寺との戦い

信長　幻の海外貿易構想？

寧波・厦門・広州・澳門など大陸の港湾都市を押さえ、西洋諸国と交易を構想した？

信長は大陸との貿易を構想していた？

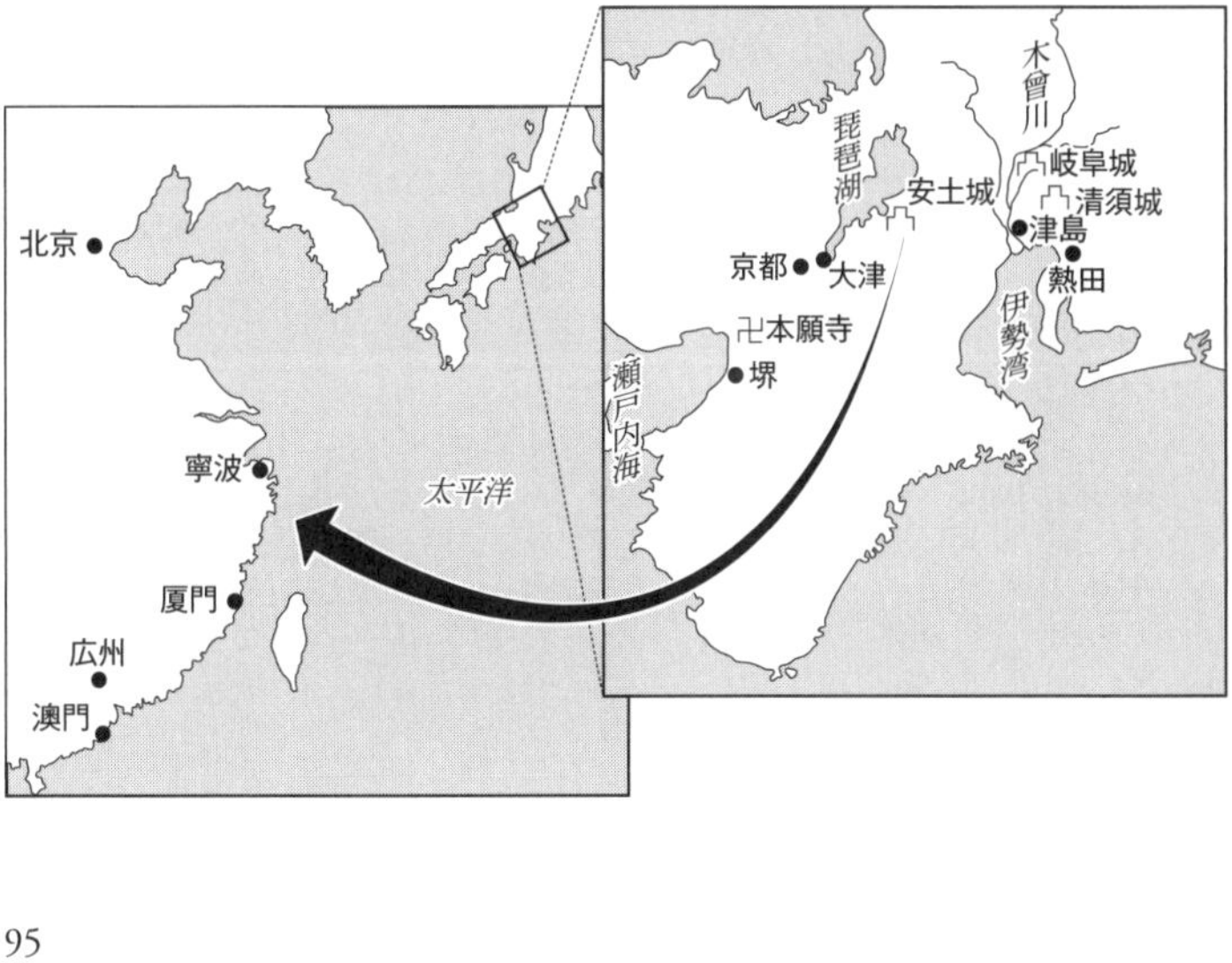

鉄甲船は毛利軍の火矢を寄せ付けなかったと言われてきたが、直射攻撃せずに曲射攻撃をすれば、木が剝き出しの屋倉板（上甲板）は火の海になる。

一方、明の主武器は大砲なので、その砲弾を弾き返すために舷側に鉄を張り回すのは理に適っている（当時は炸裂弾ではない）。つまり鉄甲船は火矢対策ではなく、砲弾対策として構想されたに違いない。もちろん「砲弾も曲射攻撃できるだろう」と思われるかもしれないが、当時の砲の射程は短く砲撃精度は低く、波の上で正確に着弾させるのは至難の業だった。しかも上甲板に穴を開けたところで、浸水はしないのだ。

また、後に秀吉が朝鮮半島南部に築いた倭城も傍証の一つに挙げられる。港湾そのものを抱え込むような城をすでに造っていた信長だが（琵琶湖畔の長浜城や坂本城など）、その構想は秀吉に引き継がれ、文禄・慶長の役の際に倭城として実現した。

こうしたことからすると、信長は寧波・厦門・広州・澳門などを点で制し、高い壁（高石垣）で囲まれた城郭都市を築こうとしていたのではないだろうか。そうなれば当然、明軍が攻撃してくる。しかし信長は、陸側は高い城壁で明軍の砲撃を防ぎ、海側は鉄甲船によって明水軍を撃破しようと思っていたに違いない。

信長の事業を引き継いだ秀吉は、信長に倣って交易と港湾を重視し、大陸へも進出するつもりでいた。現に秀吉は獲得した国内の領地を惜しげもなく家臣たちに分け与えており、豊臣家の最盛期（天正十八～十九年頃）でも蔵入地（直轄領）の石高は二百二十万石ほどで、同時期の徳川家康の二百五十万石余には及ばない。

しかし秀吉には、見栄っ張りで自己顕示欲の強い一面があり、素直に信長の構想に従わなかった。すなわち秀吉は「大陸の王」となるべく、文禄・慶長の役において、半島や大陸を点ではなく面で押さえにいったのだ。しかも自分の寿命を考えずにそれを行ったため、自らの死による撤退という中途半端な結果で終わってしまった。おそらく信長であれば、そんな愚かなことはしなかったはずだ。

青年時代の信長

話が交易と経済に向かってしまったが、信長から学べることは、それだけではない。

まず信長軍団はなぜ強かったかだが、父の代から財力に物を言わせて兵を養えたのは確かだが、それだけでは、駿河・遠江・三河三国を領有する今川義元には勝てない。そこにはある秘密があった。

青年時代の信長の白眉《はくび》は天文二十三年（一五五四）の村木合戦だろう。この時、信長は二十一歳にすぎなかったが、今川方が知多半島に築いた橋頭保《きょうとうほ》の村木砦を落城に追い込んだ。この戦いで、信長は今川方の援軍が来る前に砦を制圧しようと短期決戦を挑んだ。それは自軍の損害を顧みないもので、猛攻の末に砦を落城させた。それができたのも、信長が少年時代から徒党を組んできた子飼いの者たちあってのものだった。また信長自ら鉄砲を撃つなどして率先垂範したのも大きかった。

永禄三年（一五六〇）、信長二十七歳の時に桶狭間の戦いが勃発した。この戦いでも信長の「勝機を見極める目」は冴えており、大軍を擁する敵に突撃を敢行し、今川義元の首を挙げている。兵力的優勢というのは油断や慢心を生みやすく、実は両刃《もろは》の剣《つるぎ》なのだ。それを知る信長は、兵力的劣勢を跳ね返すには一気呵成《かせい》の突撃しかないと心得ており、広がった敵の陣形の隙を突き、義元の首を挙げた。

信長軍団の突進力は天正元年（一五七三）の小谷《おだに》城をめぐる戦いでも発揮された。小谷城の後詰にやってきた朝倉勢の追撃を開始してから、わずか十八日間で朝倉・浅井《あざい》の両大名を滅亡に追い込んでいる。この時は兵力的劣勢にはなかったものの、得意の突進力によって速戦即決で勝敗を決したことになる。

一方、天正三年（一五七五）の長篠の戦いでは、逆に武田勢を自陣に突撃せざるを得ないように仕向けて完勝した。これなどは、敵の過去の戦い方や戦場心理を知り尽くした者でなければできない戦法だった。長篠の戦いの大勝利は、信長が成功体験に囚われず、臨機応変に対応できる武将だったことの証しになる。

これ以降、信長は方面軍司令官制のようなものを布《し》くことで、有能な家臣たちに特定の軍管区を任せるようになっていく。明智光秀は畿内とその周辺諸国、柴田勝家は北陸、羽柴秀吉は西国、滝川一益は関東といった具合だ。これは信長が多方面作戦を取れるほどの兵力と財力を擁するようになった証左で、横綱相撲と言ってもいい手堅い戦い方をするようになる。

このように信長は、自らの成長に合わせて戦い方を変えていった。過去の成功体験にこだわっていたら、桶狭間の戦いのような強硬策を取り続けただろう。だが信長は大局に立つことができる男だ。すなわち目先の戦いに勝つことは目標にすぎず、織田家の支配を盤石なものとすると同時に、天下を静謐《せいひつ》（平和）に導くことが最終目的だということを忘れていなかったのだ。

常に最終目的を忘れず、そのための最短距離は何なのかを考えられる合理性が、信長の強みなのだ。

信長は何を見ていたのか

信長の国家構想は、その死によって永遠の謎になった。だがその後継者の秀吉によって、その構想の一端を読み取ることはできる。それゆえ秀吉が信長から何を学んでいったかを、まず考えることから始めたい。

秀吉が大坂に本拠を定めたことについては、信長の考えを引き継いでいたと考えてよい。信長は交易と商業を基にした国家像を描いていた形跡があり、それを引き継ぐのに秀吉は適役だったと思われる。

秀吉は全国統一を成し遂げた後、太閤検地を行って石高による所領支配の統一基準を打ち出したが、こうした全国一律の基準作りも信長の好むもので（枡《ます》の統一など）、ここまでは信長の意向を踏襲していたと思っていい。

だが朝廷の官位秩序の中に自らも包含させようとしたのは、信長のものではないはずだ。信長は朝廷を重んじていたが、朝廷の官位秩序の埒外《らちがい》に己とその子孫を置こうとしていたからだ。

秀吉は藤原氏のように朝廷の身分秩序の中に豊臣家を置くことで、武門の棟梁《とうりょう》としての豊臣家が衰退しても、公家としての豊臣家が続くようにしたかったのかもしれない。

また実力で諸大名を切り従えていくという信長の方針と異なり、秀吉は従うと意思表示した者はその傘下に収めていくという方針を取った。信長の直臣《じきしん》による方面軍司令官制とは異なり、秀吉は各地の大名にその地方の奏者（地域統括者）を任せるという方針だ。東国は家康、西国は毛利輝元、そして北陸は前田利家といった具合だ。

秀吉の死後の関ヶ原の戦いは、豊臣政権の構造自体に問題があることを露呈したものだった。すなわち家康を筆頭に、前田利家、毛利輝元、上杉景勝、宇喜多《うきた》秀家ら五大老は、利家を除き、自らが実力で切り取った大領の主という立場と、豊臣政権の運営に携わる大老という二つの立場があることが事態を複雑にしていく。つまり豊臣政権の運営と自らの利権拡張、ないしは利権擁護というダブルスタンダードによる矛盾が随所に現れるのだ。

こうしたことから、後の江戸幕府が、老中や若年寄といった政権担当者に、大領の主である外様大名を据えなかったのは周知の通りだ。

結局、そうした秀吉のアバウトさが豊臣家を二代で終わらせた。

もしも信長が生きていたら、自らと対等に近い勢力と共存などするはずがなく、最終的には難癖《なんくせ》をつけて家康をも滅ぼしていただろう。そうした先を読む目と状況を楽観視しない冷徹さを信長は持っていた。そこが秀吉との最も大きな違いだろう。

「もしも本能寺の変がなかったら」という話は、誰もがしたがる。その大半は信長が日本全土を統一し、最強の軍事国家が誕生するという見通しを述べるが、果たしてそうなるだろうか。

当時の平均寿命を考えると、本能寺の変がなくても、信長は十年ほどで没する。それを考えると、毛利・上杉両氏の制圧までは成し遂げられるかもしれないが、その後に北条討伐が行えたかどうかは疑問だ。北条氏を討つためには、東海道を抑える家康の協力が不可欠だが、家康が「北条氏の次は自分だ」と思えば、徳川・北条連合、さらに伊達氏も交えた三国同盟で対抗してくるはずだ。そうなると、信長の生きているうちに三国を切り従えることは難しくなる。

言うまでもなく、後継者の信忠では手に余る三家だ。しかし信長が賢いのは、衰勢に陥った時のためのコンティンジェンシー・プランを考えていたことだ。

その晩年、信長は信忠に尾張・美濃両国を明け渡し、その周囲を地生えの国人たちで固めさせた。つまり自らの死後、信忠が苦境に陥っても、織田家を尾濃《びのう》二国の大名として生き残らせようとした痕跡がある。信長がただ者でないのは、こうしたことからもうかがえる。

最後に信長の経営力を検証してみたい。

まず「天下布武《てんかふぶ》」を旗印にし、戦国の世を静謐に導こうとした企画構想力や志の高さは評価に値する。交易立国を目指した先見の明にも比類なきものがあった。むろんそれを実行に移す決断力と行動力も申し分ない。多分に独裁的傾向が強いものの、そのカリスマ的リーダーシップや方面軍司令官制を布いた組織力も他の追随を許さない。功績については、道半ばで横死したことから評価が難しいが、明智光秀の謀反までは、天下を静謐に導こうとしていたのは間違いない。

ただし信長は、最大の欠点である人間力で墓穴を掘ってしまった。

ちなみに信長に属した、ないしは手を組んだ者たちの多くは、次々と反旗を翻した。上洛後だけでも、浅井長政、足利義昭、本願寺、松永久秀、三好義継、富田長繁、荻野直正（赤井悪右衛門）、波多野秀治、内藤定政、別所長治、荒木村重といった面々が、次々と離反していった。その最たるものは明智光秀だが、これだけ多くの者たちに離反されなければ、信長の天下制覇は容易に進んだはずだ。そこには様々な事情があるにせよ、信長の人間性に信が置けなかったのは否定し難い事実だろう。

信長の唯一の弱みは、何事も自責で考えずに自己正当化し、裏切られたことへの反省がなかったことに尽きる。あらゆる能力を備えていても、唯一の弱みで墓穴を掘ってしまうのが戦国の世なのだ。

織田信長の経営力

評価チャート

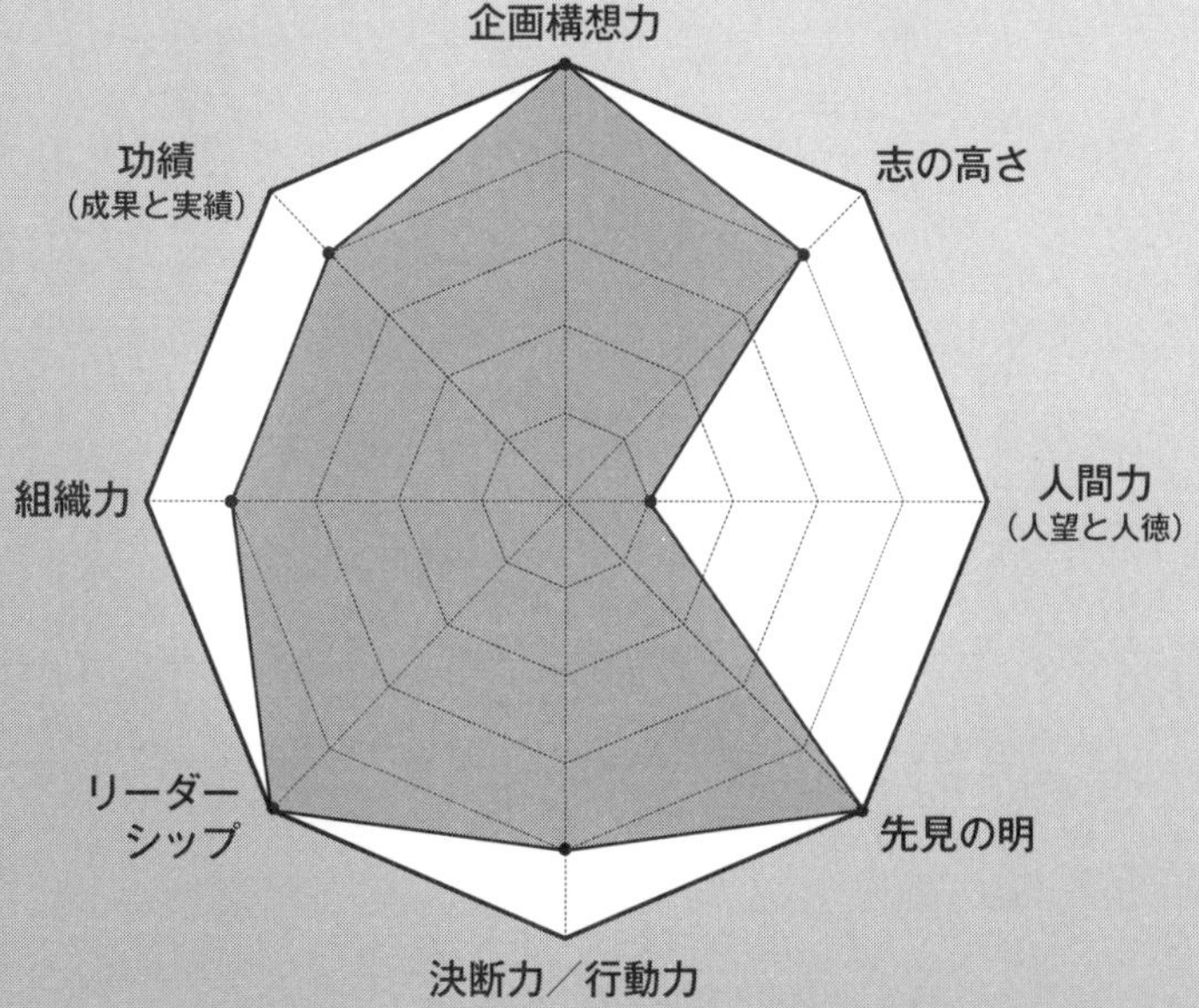

総合評点

32点／40

※各評価項目を5点満点として
全評点を合算（40点満点）

第七回

戦国を勝ち抜いた〝人たらし〟の人間関係構築力

豊《とよ》臣《とみ》秀《ひで》吉《よし》

一五三七年（天文六年）〜一五九八年（慶長三年）

――戦国〜桃山――

出自の謎と仮説

今日でも人気が高い豊臣秀吉だが、その出自については、いまだ明らかになっていない。史実として認定されているのは以下の二点になる。

・尾張国愛知郡中村の出身だった
・尾張国を離れ、遠江国で松下《まつした》加兵衛《かへえ》に奉公した

秀吉は勝幡《しょばた》織田氏の足軽だった木下弥右衛門を実父、同じく同家の同朋《どうぼう》だった竹阿弥《ちくあみ》を継父とするのが定説だが、竹阿弥を実父とするものもあり、はっきりしたことは分かっていない。

実は、秀吉は己の出自を隠したかったのではないか。これまでは身分が低かったから隠したかったと言われてきたが、いかに貧しくとも農民なら隠すこともないはずで、別の隠したい理由があったのだろう。それを探る手立てがないこともない。

江戸時代中期の国学者で尾張藩士の天野信景《さだかげ》は、藩主の命令で『尾張風土記』という地誌を書いたが、その際に秀吉の出身地の中村周辺を歩き回り、様々な逸話を収集し、『塩尻』という随筆集にまとめた。

その中に、秀吉の先祖は「近江国浅井郡の還俗僧《げんぞくそう》」という記述があり、尾張国愛知郡中村に移住したとされている。この説には、どれほど信憑性があるのだろうか。残念ながら史料による裏付けはないものの状況証拠はある。

織田信長による小谷城《おだに》攻め（浅井長政との戦い）の中心が秀吉だったことは周知の通りだが、秀吉は浅井家中の調略にもかかわり、宮部継潤《みやべけいじゅん》、阿閉貞征《あつじさだゆき》、磯野員昌《いそのかずまさ》らを織田家ないしは自分の家臣としているので、近江国に強い人脈があったと思われる。その後も長浜城主に任命されるなど、秀吉と近江国とのかかわりは深い。

秀吉は自らの成功譚や立身出世譚が好きで、その晩年、演能にのめり込み、お抱え能の謡本《うたいぼん》作家の大村由己《おおむらゆうこ》に、『吉野詣』『高野《こうや》参詣』『明智討』『柴田』『北条』といった自らが経験した出来事や自らの事績の謡本を書かせ、自ら舞うことまでした。しかしこれだけ過去にこだわった秀吉が、自らの出自や少年時代について、ほとんど書き残していないというのは、何かを隠したかったとしか思えない。

そこで秀吉が出自を隠したかった理由を推測してみよう。

実は還俗僧というのは、修行が厳しくて僧としての勤めを全うできなかったり、戒律に抵触する重罪を犯したりしたことから破門され、仕方なく還俗した者のことで、極めて不名誉だった。すなわち「還俗僧の息子が天下人となった」では、農民出身よりも外聞が悪いためとも考えられる。

だが秀吉の凄みは、還俗僧だった父の伝手《つて》まで利用しようとしたことだ。そこには、人脈社会であった当時の人と人との結び付きの強さがうかがえる。秀吉という徒手空拳からスタートした男は、こうした人間関係を利用してのし上がっていく。

人間関係を重視した秀吉

少年時代の秀吉は、遠江国人の松下加兵衛之綱《ゆきつな》に仕えた後、その許を去り、織田信長に仕えるようになった。だがその時期や経緯は全く不明だ。

一つのヒントとして、前田利家との交友が挙げられる。秀吉は利家のことを遺言状で「おさなともたち」と書いており、それからすると成人してからの関係とは思えない。遺言状で嘘を書くこともないので、二人は何らかのきっかけで少年時代に知己になり、利家の引き立てで、秀吉は織田家中の末席に加えられたのではないか。秀吉は終生それを忘れず、利家の能力と実

豊臣秀吉像（高台寺所蔵）

績に見合わないほどの大領を与え、晩年には五大老の一人に指名し、家康を抑える役割を託したほどだ。

ここから分かることは、秀吉の経営力の基本は人間関係だった。それは信長には謀反した者が多いのに、秀吉には、それが皆無なことからも明らかだ。

秀吉は人間関係に粗雑だった信長を反面教師とし、自らの人間性を磨き、人間関係を大切にしていこうと思ったに違いない。それが後年、「人たらし」と呼ばれるほどの魅力的な人物像の形成に結び付いていったのだろう。つまり他人を魅了するほどの人間的魅力の形成こそ、秀吉の経営力の原点だったのだ。

秀吉の合戦

秀吉が、合戦に勝ち抜くことで天下人にな

ったのは周知の通りだ。それゆえまず合戦について分析してみたいと思う。

秀吉が、その強みをいかんなく発揮して完勝した合戦を二つ挙げるとすれば、「山崎の戦い」と「賤ヶ岳の戦い」だろう。戦いの詳細について、ここでは述べないが、勝因だけ記しておく。

「山崎の戦い」は天正十年（一五八二）六月二日の本能寺の変を受けて勃発した織田家中の内訌《ない こう》だが、この戦いで秀吉は世に言う「中国大返し」を行い、山崎の隘路《あいろ》に迎撃態勢を布《し》く明智光秀を倒したとされる。こうした決断の速さや兵員移動の迅速さは信長譲りの強みだが、それ以外の勝因はあったのだろうか。

あまり語られてこないが、秀吉最大の勝因は、池田恒興《つねおき》、中川清秀、高山右近ら摂津衆を味方に引き入れたことだ。明智勢と戦う際、彼らが先手を受け持ってくれたので、大返しで疲労している秀吉勢は二の手、三の手となれた。

京都にいた宣教師のフランシスコ・カリオンは、フロイスあての書簡で「（光秀は）まず摂津を攻略すべきだった」と書いているが、実に慧眼だ。摂津を押さえることが西からやってくる敵の防波堤になるのだが、光秀は摂津衆を調略した形跡がない。逆に秀吉は最優先で調略した。秀吉の戦略眼の確かさと、以前から培ってきた良好な人間関係のおかげだろう。

続いて、その後に柴田勝家との間で勃発した「賤ヶ岳の戦い」だが、こちらの勝因は明確で、秀吉の判断の速さ、秀吉勢の機動力（中国大返しでも証明したが）、兵站《へいたん》補給の手際よさ、そして前田利家への調略が挙げられる。こちらも最終的には、利家との人間関係によって勝利を収めたと言えるだろう。このように秀吉は良好な人間関係をベースとした調略を得意とし、戦う前に勝敗を決していることが多い。

天下人となってからの秀吉は、合戦では横綱相撲を取ることが多くなり、さほど緻密な調略を行わなくなる。それでも秀吉がその晩年まで、人間的魅力によって多くの者たちを惹きつけたのは間違いない。つまり秀吉の経営力の根幹には人間関係構築力があり、それを武器に戦国という過酷な時代を泳ぎ切ったのだ。

信長の天才的発想

安土桃山時代は、世界的に貨幣制度が混乱した時代でもあった。というのも、日本が渡来銭（銅銭）を受け容れて五百年が経ち、日本国内での流通量が増えてきたのと反比例するように、大陸国家（当時は明）での銅の産出量が減ってくることで、銅銭の絶対量が不足するようになってきたからだ。

それでも石見《いわみ》銀山で採掘された銀が、灰吹法《はいふきほう》という精錬《せいれん》技術の導入によって生産量を爆発的に伸ばし、それを明に輸出することで世界経済が回り始める。つまり日本で産出した銀が大陸に渡り、銅貨から銀貨への転換を促したのだ。

これにより銅の産出が減っていた大陸国家は、銀によって貨幣経済が活発化し、手工業品や余剰生産物も増えていく。それらのものが、スペインやポルトガルの船で欧州に運ばれるという仕組みだ。

こうした経済のグローバル化によって日本は豊かになり、富裕層が形成されていく。堺商人などはその典型で、働かなくても裕福になり、その余暇を趣味に費やすようになる。かくして安土・桃山文化が百花繚乱《りょうらん》のごとく咲き始めるのだが、その中から生まれてきたのが茶の湯だ。

秀吉が天下人となった桃山時代、茶の湯が大流行した理由は何だったのか。単に喫茶や密談場所として便利だったとか、茶道具の美術的価値だけで、あれほどの大流行が起こるはずがない。そこには、誰かの意図が働いていたとしか考えられない。

それが誰かと言えば、天下人となった秀吉とそれを支えた利休だ。では、なぜ二人は茶の湯を普及させようとしたのか。その前に、茶の湯隆盛の仕掛け人だった信長について語らねばなるまい。

信長が天下統一（全国制覇）を目指していたことは周知の通りだが、天下統一ともなれば、様々な戦いで功を挙げる者が多く出てくる。そうなると、分け与える土地が足りなくなるのは自明の理だ。

当時の日本は耕作地が少なく、関東・濃尾・河内平野といった広大な沃野でも河川氾濫の頻発によって泥湿地と化している場所が相当あった。例えば川中島で有名な善光寺平なども犀川《さいがわ》以北の善光寺周辺に耕作地が広がっていたくらいで、大半は耕作に適さない荒蕪地《こうぶち》だった。

一方、武士というのは鎌倉の昔から自らの功を過大評価する傾向があり、恩賞に満足せず不満を募らせる。それが下剋上へとつながっていく。

こうしたことから信長は、土地以外の何かを、武功のあった者に恩賞として分け与えようと思った。そんな時、宣教師たちから、欧州では恩賞に美術品が贈られると聞いたのだろう。

そこで信長は「御茶湯御政道《おちゃのゆごせいどう》」を思い立った。すなわち茶の湯の張行《ちょうぎょう》を認可制にし、武功を挙げた武士には、「東山御物《ひがしやまぎょぶつ》」に名を連ねる名物《めいぶつ》を与えることにしたのだ。これにより信長の「名物狩り」が始まる。

「東山御物」とは、室町幕府八代将軍・足利義政が主となって集めた唐《から》渡りの「大名物」のことで、唐絵、墨蹟《ぼくせき》、漆器《しっき》、香炉《こうろ》、花瓶、茶碗、茶壺、茶入など多岐にわたる。これらを信長は献上させ、買いあさり、時には半ば無理に取り上げるようなことまでした。

信長が血眼《ちまなこ》になって収集していると知れ渡ると、家臣たちもたいへんな価値があると思い込む。これにより土地に代わる恩賞として、茶道具が珍重されるようになる。

このキャンペーンの効果は絶大で、茶の湯の認可と茶道具一式を拝領して狂喜した秀吉はもとより、老練な滝川一益までもが、甲州征伐で大功を挙げて上州一国をもらった際、少しも喜ばず、「信長様に『珠光小茄子《じゅこうこなす》』を所望したが断られ、遠国《おんごく》に行かされることになり、茶の湯冥加《みょうが》も尽きた」と言って嘆いている。

ところが信長の「御茶湯御政道」が軌道に乗り始めたところで本能寺の変が起こる。

この時、信長は安土から「九十九髪茄子《つくもかみなす》」「勢高肩衝《せいたかかたつき》」、そして前述の「珠光小茄子」といっ

信長×秀吉　秀吉の“人たらし”と茶の湯

	織田信長	豊臣秀吉
人間関係	所属する武将が次々と離反 ↓ **本能寺の変**	調略により有力武将を味方につける ↓ **合戦に勝利**
茶の湯	武功のあった者に恩賞として名物を与える ↓ **御茶湯御政道**	今様を名物とする「侘茶」により茶の湯ブームを創る ↓ **「評価経済」の導入**

た名物の茶入れ、また玉澗《ぎょくかん》や牧谿《もっけい》の筆になる表具を本能寺に運ばせ、公家や博多商人を相手に大寄せ（展示会も含めた大茶会）を催すつもりだった。だが名物の大半は本能寺の業火に焼かれてしまい、信長の「御茶湯御政道」は頓挫《とんざ》してしまう。

茶の湯ブームの到来

だが秀吉は賢かった。名物がなければ、焼いたばかりの今様（新品）を名物にしてしまえばよいと気づいたからだ。だがそれを可能にするには、今様を名物と認定する権威が必要だ。

そこで利休の登場となる。

利休は豊臣政権の文化面を担い、「侘茶《わびちゃ》」というコンセプトを具現化した草庵茶室（「侘茶」そのものの発案者は村田珠光）、「大寄せ」

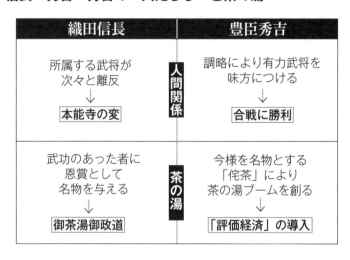

や「吸茶《すいちゃ》」という茶会形式、そして「禁中茶会」や「北野大茶湯《きたのおおちゃのゆ》」というイベントにより、茶の湯の一大ブームを創り上げる。

しかも茶の湯により、武士たちの死への恐怖と荒ぶる心は慰められ（セラピー効果もあった）、下剋上の野心も鎮められていくので、秀吉としては一挙両得となる。さらに焼いたばかりの茶碗が億円単位で取り引きされることで、利休ら堺商人たちも潤っていく。こうして幾重にも「ウインウイン」の仕組みが出来上がる。

秀吉と利休のタッグは、価値のないものを価値あるものにするというパラダイム・シフトを成し遂げたのだ。利休にとっても、天下が静謐になって商業経済が盛んになり、茶道具が高値で売れれば文句はない。

すなわち秀吉と利休は、二人三脚で「評価経済」の時代の扉を開いたと言えるだろう。すなわち物品と貨幣の交換価値を測る尺度があいまいな時代背景だったのを幸いに、二人は貨幣経済に風穴を開けるように「評価経済」の仕組みを導入したのだ。

こうした奇跡的な仕組みを編み出し、実際に成果を挙げた秀吉と利休だったが、蜜月は長くは続かなかった。次第に秀吉は賢明さを失い、金の卵を産み続ける利休を殺してしまう。その理由は単純だ。

秀吉本人に黄金の茶室を生み出せるような芸術センスがあったことで、秀吉は「利休がいなくても自分だけでやっていける」と思い込んだのだ。つまり秀吉は、権力と権威の双方を兼ねることで、現実世界と精神世界双方の覇者になろうとした。

だがブームは、利休という逸物がいてこそ続いていく。秀吉は多忙に過ぎ、次第にこの仕組みを維持・発展させていくことに意欲をなくしていった。その逆に、本来持っていた虚栄心が頭をもたげてくる。

秀吉という男は、天下人になっても「他人から褒められたい」という気持ちを捨てられなかった。元々、若い頃に懸命に働いたのも、欲心や野心以上に、信長から「猿、ようやった」と褒められたかったからだ。

秀吉は朝鮮半島を制覇し、明を倒して大陸までをも己の領土にしようとする。文禄《ぶんろく》・慶長《けいちょう》の役である。信長のように点の支配に徹して港だけ押さえ、交易による利だけを得ようとは考えない。面で押さえていくことで、周囲から「秀吉様は凄い」と言われて感心されたいのだ。おそらく自己愛性パーソナリティ障害だったのではないか。

その最晩年、秀吉の心にさらなる変化が起こる。秀吉は現実の世界制覇に興味をなくし、バーチャルな世界に逃避してしまうのだ。

いまだ文禄・慶長の役は終わっておらず、大名たちが半島南端部で苦境に陥っている頃、秀吉は茶の湯から演能へと興味を移していく。おそらく利休に自害を強いた後ろめたさから、茶の湯に背を向けたのだろう。

文化・芸能面に抜群のセンスを持ちながらも、子供の頃に文化に触れる機会がなく、芸能の訓練も受けなかった秀吉のような者にとって、できることは限られてくる。しかし茶の湯の手前や演能だったら何とかなる。そこで茶の湯に飽きた秀吉は、「能十番」を習得しようという途方もない目標を立てる。

能十番とは「松風」「老松」「三輪」「定家」といった古くから伝わる名作能十番で、これらの舞の手をすべて覚えるのは、並大抵のことではない。

文禄二年（一五九三）に三日間の「禁中能」を催し、天皇の御前で秀吉自らシテ（主人公）を務め、天皇から称賛されたことが忘れられなかったのだろう。

秀吉の演能への傾倒は尋常ではなかった。秀吉の教授方は当初、暮松《くれまつ》新九郎《しんくろう》が務めていたが、一人だけでは稽古が行き届かず、金春《こんぱる》大夫《だゆう》八郎《はちろう》や観世《かんぜ》左近《さこん》大夫《たゆう》といった当代の名人まで呼ばれ、三人がかりで稽古をつけた。その稽古は激しく、稽古をつけながら居眠りしてしまった観世左近大夫などは、能の伝書を取り上げられ、蟄居《ちっきょ》謹慎を命じられている。

かくして秀吉は次代のことを考えることもせず、演能に狂っていく。そして前述のように、自らが経験した出来事や自らの事績の謡本を書かせ、自ら舞うことまでした。

だが秀吉にも、死の影は迫っていた。

秀吉がようやく次代のことを考え、五大老五奉行制（厳密には宿老たちの合議制）を布いたのは、死の床に就いてからだった。

結局、秀吉は六十二歳で死去するが、様々な問題や矛盾を抱えたままの死去だったので、その後の豊臣政権は安定せず、関ヶ原の戦いを経て、大坂の陣で幕を下ろすことになる。

もしも秀吉が演能に狂うことなく、文禄・慶長の役の幕引きと次代の体制作りに力を注いでいれば、豊臣政権にとって、また違った展開もあったのではないだろうか。

最後に秀吉の経営力を検証してみたい。

秀吉が自らの人間性を磨き、「人たらし」と呼ばれるまでになった理由は冒頭で書いたが、要は徒手空拳の男にとっては、それ以外に頭角を現す術がなかったのだ。その人間力を突破力として、秀吉は頂点まで駆け上がる。だが秀吉には、この国をどうしていこうなどというビジョンはない。現に、華美な建築物には湯水のようにお金を使うが、治水や新田開発といった民のための事業には一切関心を持たなかった。これでは、政権が長く続くわけがない。

秀吉は軍人としてのリーダーシップや組織力には優れていても、こと政治となると、軍事面での冴えはなくなる。結局、豊臣政権は滅ぶべくして滅んだのだ。

豊臣秀吉の経営力

評価チャート

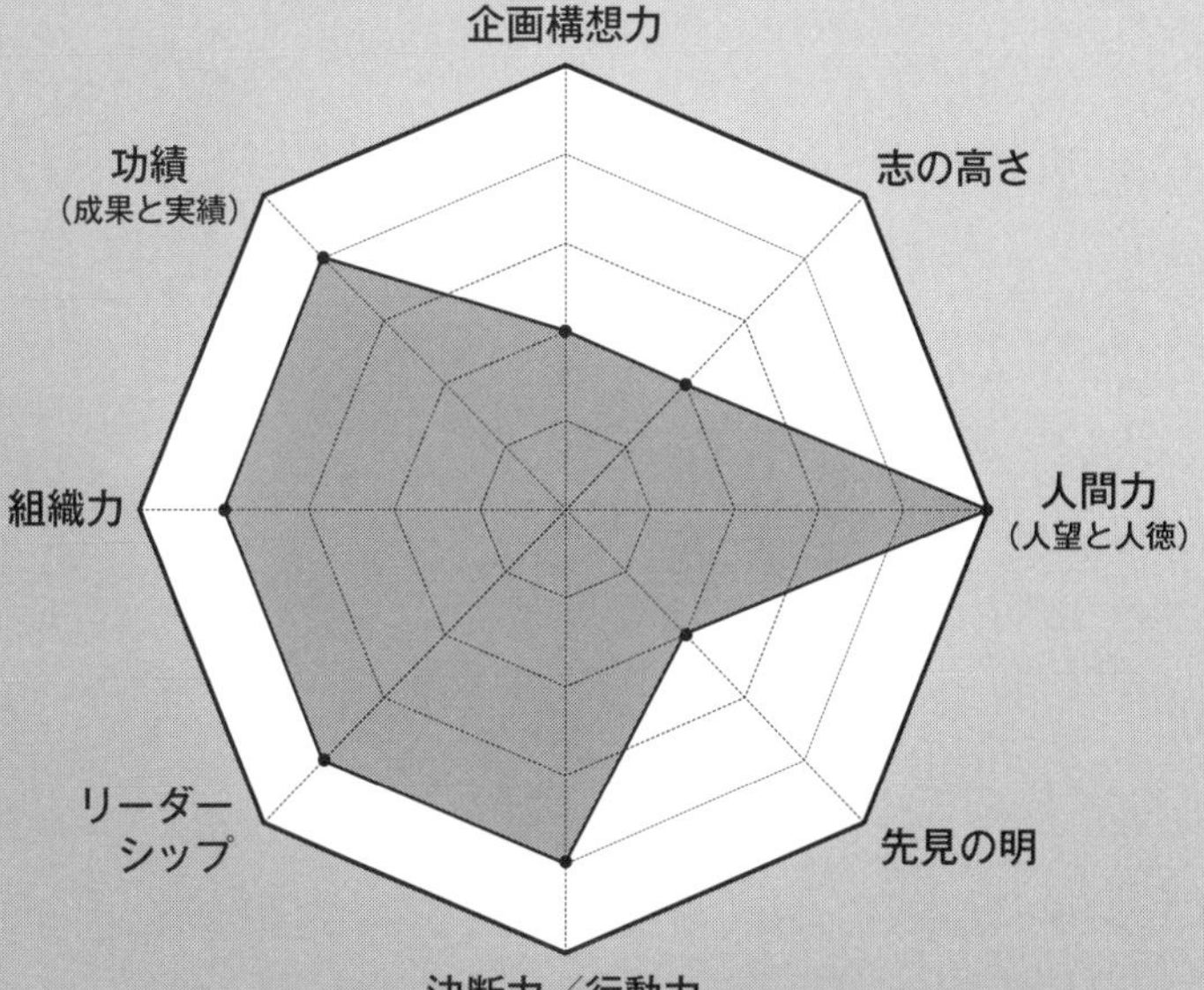

総合評点

27点／40

※各評価項目を5点満点として
全評点を合算（40点満点）

第八回

―戦国〜江戸―

徳《とく》川《がわ》家《いえ》康《やす》

インフレ退治と江戸の都市計画を主導

一五四二年（天文十一年）〜一六一六年（元和二年）

凡庸な男から天下人へ

家康については、これまで小説、エッセイ、ノンフィクションなど様々な角度から書いてきたが、今回は新たな視点、とくに天下政権の経営面から家康を掘り下げていきたい。

家康がなぜ天下人となれ、その創設した江戸幕府が二百六十年余にわたって続いたのか。それには様々な理由が考えられるが、根本的には、家康の人間性にあるのではないだろうか。

家康という男を一言で表すと、「凡庸《ぼんよう》」だろう。

だが凡庸な家康には、他人にまねのできないものがあった。それが根気だ。家康は何があっても粘り強く対処し、決してあきらめない。その執念が、家康を戦国時代の最終勝者にしたのだろう。

「凡庸だが忍耐強い男」、これが家康を端的に表す言葉となる。その人間性が、江戸に本拠を移した後の壮大な土木事業につながるのだが、それは後述する。

秀吉の死の直後から、家康は自分の人生のゴールとして、豊臣家からの政権奪取を考えていたかどうかは分からない。だが自分の身を守るために、与党工作にいそしむと同時に、自分以外の四大老の追い落としにかかっていたのは事実だ。そうした姿勢が石田三成ら奉行衆の怒りを買い、関ヶ原の戦いを招いたのだ。だがそれは、単に天下を取りたいという単純な理由からだろうか。

みもふたもない話だが、家康は「自己防衛のために天下を取らざるを得なかった」とは考えられないだろうか。すなわち自らの血統と配下の利権を守るために、家康はやむなく天下の覇権獲得に乗り出したのだ。

秀吉亡き後の豊臣政権において五大老筆頭という地位を得たものの、幼少の頃から「やるかやられるか」の中で生きてきた家康にとって、残る四人の大老が邪魔でならなかった。それらを滅亡させる、ないしは力を削ぎ落としていくことは、「自己防衛」という本能に近いものだったろう。

豊臣家を上回る二百五十万石の領国を持つ家康の政治力をもってすれば、残る四人の大老などものの数ではないが、問題は自らの死後なのだ。

それゆえ家康は前田家や上杉家を陥れ、宇喜多家や毛利家の内訌《ないこう》に介入し、その力を弱めようとした。というのも自らの死後、彼らが秀頼を担いで家康討伐に向かうのは目に見えており、まずは四大老の力を削ぎ落としておこうと思ったのだ。

秀吉は豊臣家の天下が安泰だと勘違いし、いくつもの失策を犯している。その代表的なものを三つ挙げるとすると、まず「家康を滅ぼさなかったこと」、次に「年齢的に中継ぎ後継者にぴったりだった甥《おい》の秀次を死に追いやったこと」、そして第三の致命的な失策が「家康を大老筆頭、すなわち執政に据えたこと」だ。

というのも秀吉は、秀次とその政権運営スタッフを葬り去ってしまったので、新たな体制を急いで構築する必要があった。それが「公のことは秀長、内々のことは利休」という言葉で知られる、人に依存する体制だった。ところが秀長が亡くなることで、この体制も維持できなくなり、秀吉は致し方なく奉行衆による法による支配体制の構築を急がせる。

だがその過程で、秀長の担っていた武将たちのガス抜き役を家康が担うことになり、武断派大名たちの信望を集めることになる。しかも秀吉の死後、家康は執政の地位に就くよう遺言されていたので、自らの裁量で豊臣家の領国を削って諸大名に与える権限まで有していた。

さらに家康は秀吉の失敗から学び、関ヶ原の合戦後、すぐに江戸幕府を発足させた。それにより統治体制が迅速に整い、大坂の陣をやらなくとも、天下はつつがなく徳川家に引き継がれていったことだろう。

徳川家康公之像（静岡・駿府城公園）

　当時は、「天下は持ち回り」という思想が広がっており、それなりの器量の人物が政権を握るのは当然と思われていた。その意味で家康は、自らが天下人になるべきだと考えていた。というのも家康は「万民を困窮させず、世を静謐《せいひつ》に導く」という理念を掲げ（そう記した文書はないが、行動がそれを語っている）、そのためにも、民にとって害毒にしかならない豊臣政権と豊臣家を排除せねばならないと思っていたからだ。

　それでも家康は根気よく慎重に事を運んだ。関ヶ原の戦い後も、焦らず石段を一歩一歩登っていった。だが最終的には自分の年齢との競争になり、大坂の陣という強硬手段を用いてしまったのは、家康の名誉のためにも残念でならない。

　おそらく家康は、豊臣家を公家か五万石程

度の高家《こうけ》として残すつもりだったと思われる。だが戦国時代も末期に向かい、生存競争から取り残されてしまった牢人たちの危険性が高まることで、家康は自らが元気なうちに、江戸幕府と徳川家を盤石なものとしておきたかったのだろう。それが大坂の陣を招いてしまった。すなわち乱世が終われば身分が固定化され、牢人たちに這い上がる術はなくなる。つまり牢人たちは、豊臣家の政権奪還に賭けるしかなくなっていたのだ。

むろん家康とて豊臣家が政権を禅譲《ぜんじょう》してくれれば、それに越したことはない。だが牢人問題を媒体にして双方に疑心暗鬼が渦巻き、また武士たちの功名心から、戦うのは必然となってしまった。

かくして凡庸な男は最後の戦いに勝利し、天下人となった。本稿では、その生涯をウォークスルーするというより、天下人になった後、いかにその理想を天下に問うていったかを探っていきたいと思う。

家康のインフレ退治

慶長十四年（一六〇九）五月、いまだ大坂に豊臣家が健在の頃、発足したばかりの江戸幕府は「灰吹銀および筋金吹分禁止令」という地味な触れを出した。これだけでは何のことだか分からないので、まずはこの言葉の意味から説明しよう。

灰吹銀とは銀をいったん銅に溶け込ませた上で銀を抽出する精錬法、いわゆる灰吹法で作られた銀のこと。筋金吹分とは鉱石から金銀を抽出する精錬作業そのもののことになる。つまり主に灰吹法のことだ。灰吹法は極めて効率的に銀を抽出する方法で、七十年ほど前に日本に入ってきて以来、全国の銀山の大半に普及していた。

この禁止令は、言うなれば銀の自由な精錬作業と、それによって生産された銀の所持や売買を禁じるものだ。

実は、この頃の日本は世界最大の金銀採掘量を誇り、それによって生まれた富は、秀吉の許に集められていた。秀吉は潤沢すぎる資金を元手に、朝鮮半島の制圧と大陸制覇を夢みるわけだが、ある側面から見ると、使い切れないほどの富をばらまくために、文禄《ぶんろく》・慶長《けいちょう》の役を起こしたとも言える。それほど秀吉は富を独占していたのだ。

経済を回すことは、さらなる富を生むことにつながる。秀吉がそこまで分かっていたかどうかは知る由もないが、城郭、屋敷、寺社の建築といった何も生み出さないものを造ることに飽きてきた頃なので、戦争に投資し、朝鮮半島や大陸の一部を含めた一大経済圏を構築し、欧州と伍していこうと考えていたとしても不思議ではない。それが、一見無駄に思える文禄・慶長の役を起こした理由の一つなのかもしれない。

文禄・慶長の役を起こした理由は、それだけではない。武士の余剰人口、すなわち牢人や無為徒食する悴者《かせもの》(地侍階級)、若党、中間《ちゅうげん》、足軽、小者といった臨時雇いの下層階級をリストラするという狙いがあった。そして結果的に、それがうまくいったのも事実だ。つまり文禄・慶長の役で、秀吉は貯め込んだ資金の多くを使ったが、十年もすればリストラ効果が出てきて、元は取れたはずだ（フロイスの『日本史』によると、文禄・慶長の役の日本軍の死者は五万、未帰還者は一万だとされる）。

結局、秀吉が起こした桃山バブルは、秀吉の死によって終焉を迎える。しかしインフレは進行し、庶民は困窮して豊作でも餓死者が出るほどだった。

そこで秀吉に代わって天下人となった家康は、物価の上昇を抑えねばならなくなった。そのために家康が行ったのは金（ゴールド）を集めることだった。さらに日本と明の金銀交換比率の差を利用し（日本で金一対銀十前後、明で金一対銀七前後）、銀を輸出して金を輸入した。

ここで最初の疑問に戻るが、答えは、幕府は金を買うために良質の銀を大量に必要としていたのだ。しかしそれだけで、なぜ禁止令につながったのだろう。

すなわち幕府が金銀を独占し、銀を輸出して金を退蔵することで、世間に出回る金の量を減らして物価を下げるという手法が取られたからだ。このデフレターゲット策は当たり、副次的効果として、金銀の不足に悩む諸大名が幕府への経済依存度を高めていくことにつながった。

かくして家康は、秀吉の作り出したインフレ退治に成功する。それは衆望を集めることにもなり、徳川家の天下を盤石なものとした。

家康と言えば重農主義の権化のように思われてきたが、このように秀吉の負の遺産を整理したことで、国家への経済的貢献度は計り知れないものだったのを忘れてはならない。

だがこの頃、豊臣家は方広寺の大仏殿をはじめとする畿内各地の寺社を再興・造営していた。つまり大坂城に貯め込まれた金銀を惜しみなく使っていたのだ。これはインフレ抑制策を行う幕府の方針に真っ向から反するもので、たとえそれで豊臣家の財力が削がれたとしても、デフレ政策は進まず、家康にとって迷惑なものだったに違いない。

こうした経済音痴ぶりは、淀殿ら豊臣家中の特徴で、それが幕府の経済官僚たちの怒りを買い、反デフレ対策の象徴たる方広寺大仏殿の鐘銘に難癖《なんくせ》をつけることにつながったという側面もあるだろう。

家康の江戸入部

東京への一極集中について議論が行われるようになってから久しいが、近頃は「地方への首都機能の移転」といった言葉も聞かれなくなり、半ばあきらめムードが漂っている。

それだけ首都東京というのは根付いているわけだが、そもそも日本の政治の中心は、奈良、京都、大坂といった畿内だった。一度だけ鎌倉が政治の中心となったが、それ以外の時代は、近畿圏以外に政権が置かれたことはない。それを江戸に移したのが家康になる。

では、家康入部前の江戸は、どのような状況だったのだろう。

江戸でまず思い浮かぶのは、戦国時代の黎明期に活躍した太田道灌《どうかん》だろう。その道灌が縄を引いた（設計した）と言われる江戸城は、東側を蛇行しながら流れる平川（現在消滅）の造る十余丈（約三十メートル）の河岸段丘上に形成された舌状台地《ぜつじょうだいち》の突端部に築かれ、子城《ねじょう》、中城《なかじょう》、外城《とじょう》の三つの曲輪《くるわ》から成っていた。ここが後年、徳川家の居城となる江戸城の本丸と北の丸に相当する。

江戸湊には大小の蔵が、城門の前には城下町の原型となる常設の市が立ち並び、床店《とこみせ》（常設店舗）も姿を見せ始めていた。常設の市や床店があるということは、すでに江戸が物資の集散地として賑わっていた証左になる。

しかし道灌の後に江戸地域の主になった北条氏は、江戸をさほど重視せず、発展具合は道灌の時代とさして変わらなかったようだ。

『落穂集《おちぼしゅう》』によると、天正《てんしょう》十八年（一五九〇）の小田原合戦後に江戸に入った豊臣方の武士の目撃談として、上方で一般化していた瓦葺きの建物は一切なく、館は粗末な板葺きの屋根に、板敷きの間か土間でできていたらしい。

秀吉は北条氏を滅ぼした後、中村一氏《かずうじ》（駿河府中十七万五千石）、堀尾吉晴《よしはる》（遠江浜松十二万石）、山内一豊《かずとよ》（遠江掛川五万石）らを緩衝材にし、家康を関東に移封するという構想を持っていた。

家康とて、先祖代々の墳墓の地となる三河国や長らく統治してきた遠江・駿河両国などを手放すのは辛いが、秀吉の移封命令に背くことはできない。結局、家康は何ら反論せずに移封命令に従った。それだけ秀吉の権力は絶大だったのだ。

関東に拠点を移すにあたり、家康が本拠を江戸に置いた明確な理由は、一次史料に残されていない。二次史料の俗説では、秀吉のアドバイスに従ったというが、その経緯は定かではない。

では、関東に江戸以外の適地はなかったのだろうか。

『岩渕夜話別集』によると、家康が移封命令を受け容れたと聞いた徳川家中では、七～八割が小田原を本拠にするだろうと予想し、残りは鎌倉ではないかと言っていた。だが江戸と通達されたことで、家臣たちは驚いたとされる。

というのも当時の江戸湾には「坂東太郎」と呼ばれるほど氾濫《はんらん》を繰り返した利根川だけでなく、多くの河川が絡み合うように流れ込んでいたので、江戸城周辺は湿地帯で、耕作地はほとんどなかったからだ。

具体的に見ていくと、東は満潮時に潮が城のある台地の際まで迫るほどの葦原で、西は凹凸地形が全くないまま武蔵野に続くという防御力に不安のある地形だった。さらに南から東にかけては日比谷入江が深く入り込み、こちらも城の際まで湿地が続いていた。唯一、北だけが上野山や神田山（日比谷入り江の埋め立てによって後に消滅）によって前衛を成す砦が築けるが、純軍事的観点からも経済的観点からも、江戸は二百五十万石の太守の本拠として適地とは言えなかった。

では、かつて幕府のあった鎌倉はどうだろう。

鎌倉は東西北の三方を山に囲まれ、南の一方だけが海に開けた馬蹄形《ばていけい》をしていることから、九条兼実《くじょうかねざね》の日記『玉葉《ぎょくよう》』では「鎌倉城」と呼ばれている。外から来た場合、鎌倉七口のいずれかを通らなければ中に入れないことから、旅人は城のような感覚を抱いたのだろう。だが鎌倉は意外にもろい一面もある。

歴史上、鎌倉を舞台にした戦いは四度行われている。まず元弘《げんこう》三年（一三三三）、新田義貞《にったよしさだ》率いる反幕府勢力の乱入により、鎌倉幕府が滅亡する。続いて建武《けんむ》二年（一三三五）、室町幕府軍を破った北条時行《ときゆき》により、一時的に鎌倉が占拠される（中先代《なかせんだい》の乱）。さらに建武四年（一三三七）には北畠顕家《きたばたけあきいえ》が、文和《ぶんな》元年（一三五二）には新田義興《よしおき》（義貞の子）が室町幕府勢力を鎌倉から自落させており、結果的に鎌倉は守りに弱い地だった。しかも鎌倉は狭い上に移転をよしとしない大社大寺も多いので、都市としての発展には限界がある。

一方、家康入部まで関東の覇者だった北条氏の本拠・小田原はどうだろう。おそらく家康には、最初から小田原という選択肢はなかったはずだ。なぜかといえば小田原合戦に参陣し、小田原の地形的弱点を目の当たりにしていたからだ。

小田原は箱根の天険《てんけん》が西にそびえ、西からやってくる敵に対しては有効に思えるが、実際は箱根山の防衛線を突破されてしまうと極めて脆弱だ。また関東全域を守るには、あまりに南西端に位置しており、関東各地に後詰勢を送れない。

かつて古河公方《こがくぼう》府のあった古河や、その近くの河川交通の結節点の関宿《せきやど》も考えられたが、海に面していないという弱点を補うほどの適地ではない。

こうして考えていくと江戸しかなくなる。江戸なら海に面している上、河川も陸上交通網も四通八達している。また後背地にも平地が続くので商業地の拡大も期待できる。しかも万が一江戸城が囲まれても、河川交通網を使って関東各地から後詰勢がやってきやすい。後背地があるので、小田原よりも戦い方に柔軟性を持てるのだ。

かくして慶長八年（一六〇三）に家康が征夷大将軍の座に就き、幕府を開き、その本拠を江戸に定めてから今に至るまで、この国の中心は江戸になった。

家康と江戸幕府初期の幕僚たちが、周到に江戸という都市をデザインし、さらに明暦《めいれき》の大火という大災害を逆手に取った保科正之《ほしなまさゆき》ら幕閣のアップデイトにより、江戸への求心力はさらに高まっていった。

すなわち大名の権威の象徴であり、利便性よりも庶民を威服させる目的があった江戸時代初期の城下町から、経済的発展性（利便性）と防火性を第一に置いた江戸の町は、大火という偶然から生まれたことになる。

具体的に記すと、明暦の大火によって江戸の町は大半が焼けてしまったため、保科正之は商業重視の都市計画を立案し、武家地の郊外への再割り当てを行い、区画を整理した。その時、水路・道路・橋などの都市インフラを整備し、広小路や防火堤を各所に設けた。こうした合理性重視の方針に沿い、徳川家の権力の象徴だった江戸城天守は再建されなかった。

江戸の都市計画を手本として、諸藩の城下町も経済発展性や防火性を高めようという機運が盛り上がり、江戸時代の経済的成長が始まる。

だが家康の時代の江戸には、大きな難問が横たわっており、それを解決できたからこそ、江戸は百万都市になったことを忘れてはならない。

家康の治水事業

戦国時代というと、田畑は荒廃して農民は困窮にあえぎ、武士たちは常に戦っていたかのようなイメージがある。果たしてそれは正しいのだろうか。

実は人口学の観点から見ると、戦国時代の大半を成す十六世紀は、人口が飛躍的に増加しただけでなく、人々が飢えに苦しんだ室町時代までとは異なり、比較的豊かな時代だった。

人口増は労働人口や生産量の増加も伴う。それゆえ戦国期は経済成長の時代でもあったのだ。また治水《ちすい》・干拓《かんたく》事業や新田開発によって、耕地面積が飛躍的に広がったのも事実だ。

とくに治水事業の効果は絶大だった。平野の多くは河川の堆積《たいせき》作用によってできた扇状地《せんじょうち》や沖積平野《ちゅうせきへいや》だが、こうした地質だと、河川氾濫が一度でも起これば耕作地は水浸しとなり瞬く間に湿地と化す。戦国時代前半までの日本の各地には、こうした耕作のできない荒蕪地《こうぶち》が広がっていた。

こうしたことから、江戸幕府は諸大名に治水・干拓事業を奨励し、また国家事業としても取り組んだことで、各地に何万石から何十万石という新田を生み出していった。

国家の成長や都市の発展は、大規模事業への取り組みによる労働需要の創出というフローだ

利根川の東遷、荒川の西遷

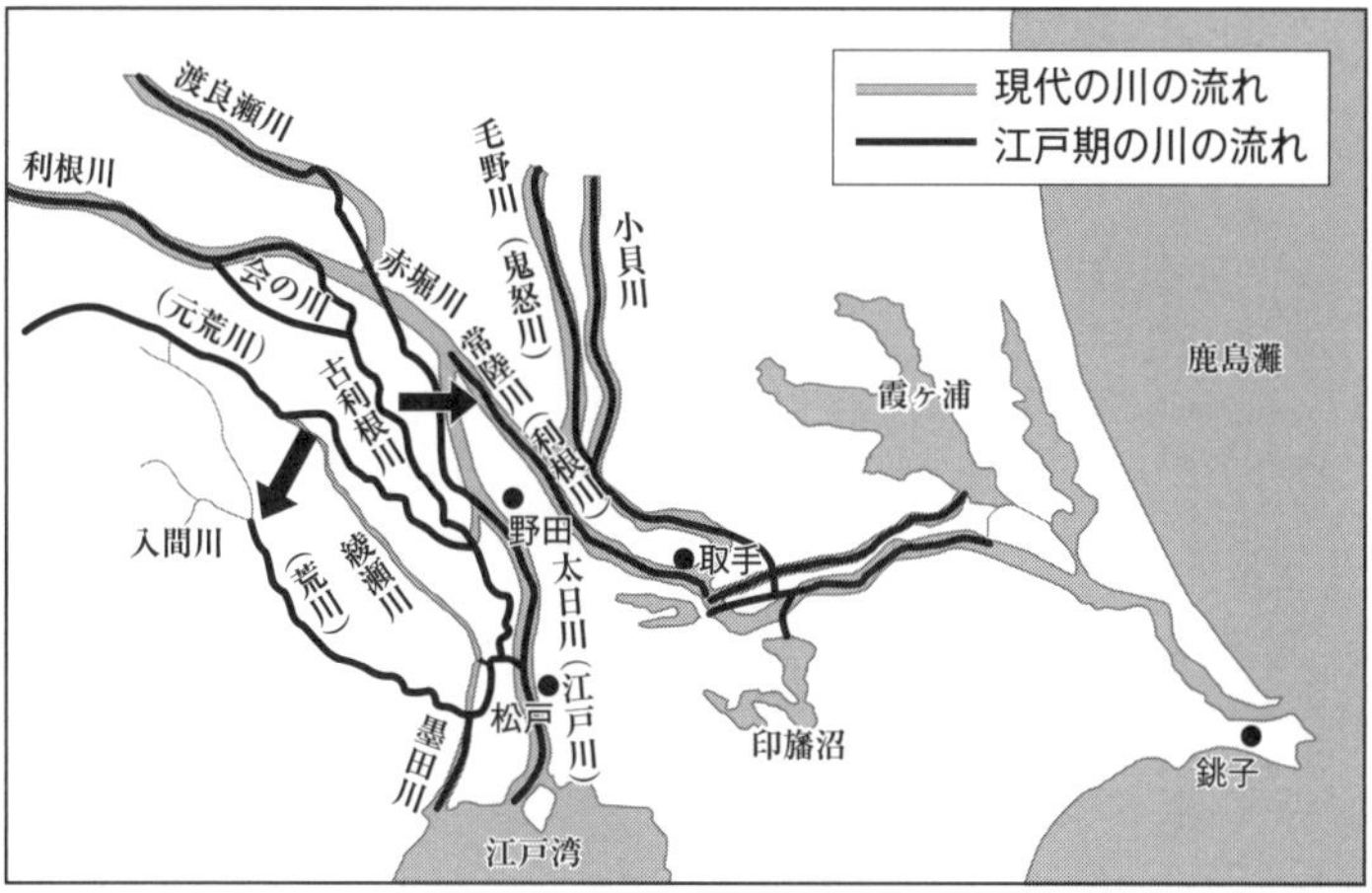

国土交通省関東地方整備局利根川上流河川事務所 HP を参考に作製

けではなく、生活する上での安心と安全、さらに生産性の向上による豊かな社会の実現というストック面も大切だ。

戦国時代から江戸時代にかけては、治水・干拓事業による新田の増加によって、フローとストックが同時に実現していく時代だった。

天正十八年（一五九〇）に家康が江戸入りした当時、利根川と荒川は埼玉県の越谷付近で合流し、江戸湾に注ぎ込んでいた。そのため河川の氾濫は日常茶飯事《さはんじ》で、とくに低地となる武蔵国東部には、広大な湿地が広がっていた。これでは堤防を造ったところで役に立たない。そこで家康は、利根川の流路を東に向け、渡良瀬川《わたらせがわ》や常陸川《ひたちがわ》に接続させ、銚子《ちょうし》あたりに河口を設けようとした（利根川東遷《とうせん》事業）。

この事業の経緯についての詳細は省くが、

元和七年（一六二一）、家康からこの大事業の指揮を託された伊奈忠次《いなただつぐ》・忠治《ただはる》・忠克《ただかつ》の伊奈氏三代は、試行錯誤を重ねながら河川の締め切りと「瀬替え（河川の流れを付け替えること）」、また大河川どうしを接続するための補助河川の開削などによって、承応《じょうおう》三年（一六五四）にこの大事業を完成させた。

さらに荒川は西遷《せいせん》させて入間川に接続し、墨田川にもつないだ上で江戸湾に注ぐようにした。またこれらの河川の流路変更・開削事業と同時並行的に農業用水路の掘削《くっさく》も行われ、関東を一大穀倉地帯へと変貌させていった。

こうした治水事業は河川交通や水上輸送を盛んにし、物流網の整備にも寄与した。かくして百万都市・江戸が生まれる。

そこまでの構想を、最初から家康が抱いていたとは言いきれないが、経済成長すなわち耕作地の拡大こそ国家と政権を安定させる基盤だと、家康が考えていたことは間違いない。

秀吉と家康の考え方の違い

同じ天下人でも、秀吉と家康の考え方は明らかに違う。秀吉は海外との交易や鉱山を独占することで巨万の富を築いたが、その富を注ぎ込んだのは、自らの権力を誇示するための普請作事に限られた。つまり巨大城郭、豪壮華麗な屋敷、大仏などだ。その反面、農民たちが望む治水や新田開発には、ほとんど関心を示さなかった。

家康×秀吉　政策の違い

徳川家康		豊臣秀吉
銀を輸出し金を退蔵 ……＞デフレターゲット策成功 治水・干拓事業、新田開発 ……＞幕府財政の安定	経済政策	城郭や屋敷、 大仏の普請作事 ……＞インフレの加速 文禄・慶長の役 ……＞下層武士階級のリストラ
全方位外交 ……＞中国・朝鮮との関係を修復。ヨーロッパ各国とも交易	外交政策	文禄・慶長の役 ……＞中国・朝鮮との関係を破壊

これは豊臣政権が国家統治ビジョンを持たず、単に軍事的に勝ち上がった結果、政権を担うことになったことを端的に表している。こうした初代がいる限り、仮に豊臣政権が何代続いたとしても、政権の基盤は安定せず、民は困窮し、各地で一揆が起こっていたはずだ。

一方、家康は自らが天下を担うべきだと信じ、その財政的基盤を農業に置いた。それゆえ関東平野を中心にした国土を「耕す」ことにつながったのだ。

極めて短期的思考の秀吉とは違い、家康は政権というものを長い目で見ていた。それが両政権の寿命にも顕著に表れている。

もちろん家康も天下人になったことで、交易の利や鉱山から上がる利益を独占した（長崎や石見銀山）。秀吉と違うのは、そうした手っ取り早い利益を、自らの奢侈《しゃし》や虚勢を張るような建築物に費やすのではなく、治水や新田開発に投資し、耕作地を広げていくことで、民も含めた豊かな社会を実現しようという長期的な視点を持っていたことだ。

またその国際感覚も優れたもので、家康が鎖国に踏み切ったというのは家光の時代に意識的に流布されたもので、禁教令は出したが、貿易については全方位で行おうとしていた。

関ヶ原の戦いの後、家康は文禄・慶長の役によって破壊された国際関係を修復し、貿易を盛んにすることを目指していた。その証拠に英国人のウィリアム・アダムスとオランダ人のヤン・ヨーステンを顧問として重用し、全方位外交を目指した。つまり中国・朝鮮両国はもとより、従来のカソリック国（イスパニアとポルトガル）だけでなく、彼らプロテスタントとも交易しようとしていた。事実、後にオランダと中国には特権的地位を与えている。

また中間貿易基地として琉球にも目をつけ、島津氏から要請された琉球出兵を容認し、それが成功すると、琉球を島津氏の領国として認めた。つまり島津氏を通して間接的に中間貿易を行おうとした可能性がある。

これが戦乱の世を静謐に導いた家康の経営力なのだ。

結論として家康が天下を取り、江戸幕府が長く続いたことで、農民は多大な恩恵を受けたことになる。それを考えれば、家康が言ったとされる「百姓は生かさず殺さず」（『落穂集』）という言葉に表されているような苛斂誅求《かれんちゅうきゅう》も、「徳川家のインフラ投資があったからこそ、お前ら百姓は安楽に暮らしていける。そのインフラ投資を回収させてもらう」という意味なら、少しは許容できるだろう。

かくして江戸幕府の統治が始まる。その船出にあたり、家康という優れた舵取に恵まれたことは、この国に生きる民にとって、この上なく幸いだったと言えるだろう。

最後に家康の経営力を検証してみたい。

家康は自分が凡庸だと自覚していた。すべての出発点はそこになる。凡庸だからこそ、慎重に周到に事を進めた。そうした苦労人ならではの人間力あってこそ、多くの者たちが従ったのだろう。よく誤解されるのだが、関ヶ原でも大坂の陣でも、大半の大名が徳川家の軍事力を恐れて味方したのではなく、家康なら世を静謐に導いてくれるという期待から味方したのだ。

家康は、秀吉とはまた違った人間力を武器にしてのし上がっていった。むろんそれだけではなく、既述のような企画構想力もあり、それを実現させるためのリーダーシップにも優れていた。そして世の中を静謐に導いたという功績は、何よりも特筆すべきだろう。

家康の経営力は、すべてが高いレベルでまとまっており、まさに歴史上最大の偉人と言っても過言ではないだろう。

徳川家康の経営力

評価チャート

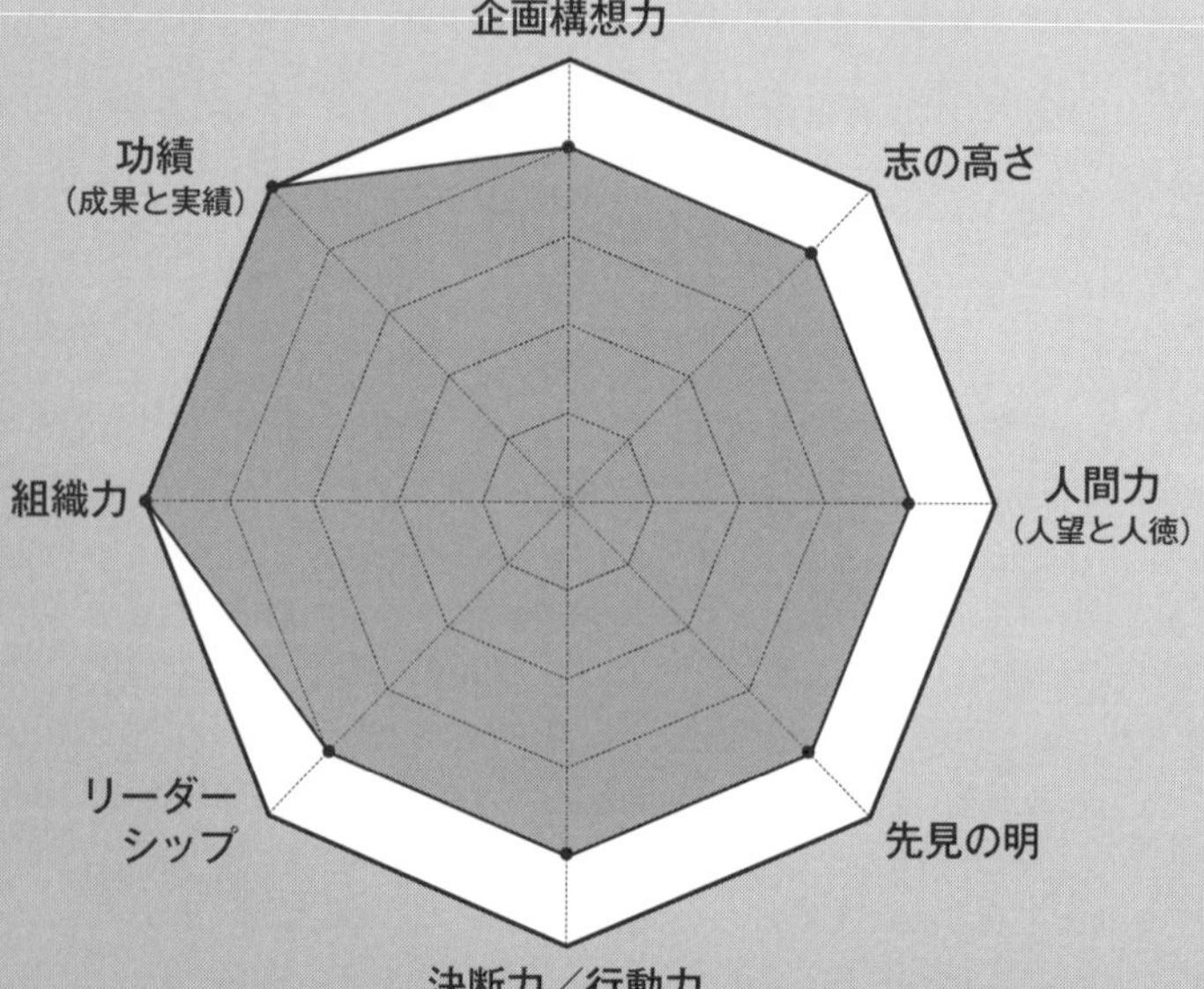

総合評点

34点
／40

※各評価項目を5点満点として
全評点を合算（40点満点）

第九回

貨幣改鋳によって火の車の幕府財政を再建した

荻《おぎ》原《わら》重《しげ》秀《ひで》

一六五八年（万治元年）〜一七一三年（正徳三年）

——江戸——

毛嫌いされた男

本稿の主人公の荻原彦次郎重秀ほど、「毀誉褒貶《きよほうへん》」という言葉が当てはまる人物もいないだろう。江戸時代を代表する経済官僚で、その優秀さは比類なく、また携わった仕事のほとんどを成功裏に終わらせ、八面六臂《はちめんろっぴ》の活躍を見せたのだが、どうしたわけか一人の男に偏執《へんしつ》的に付きまとわれ、稀代の悪人にされてしまった。

そのストーカーまがいの男の名は新井白石《はくせき》。押しも押されもしない江戸時代中期を代表する大政治家にして大儒学者である。白石は自分の考えや業績をまとめた膨大な著作を残したことで、後世の人にも知られることになり、今日でも高く評価されている。

一方の重秀は何ら著作を残さず、その評価は後世の史家の手に委ねるしかなかった。

白石はなぜ重秀を毛嫌いしたのか。本稿では重秀の事績をたどり、その手腕（経営力）を検証すると同時に、白石がなぜ重秀を葬り去ることになったのかを解明していきたいと思う。

重秀の生きた時代と業績

戦乱が相次ぎ人々を疲弊させた戦国時代も終わり、誰もが恒久的な静謐《せいひつ》を希求するようになった。そうした時代的要請も相まって、徳川家康が築き上げた江戸幕府は安定した政権となっていく。

幕府樹立後も、初代家康と二代秀忠は大坂の陣を、三代家光は島原・天草の乱を経験したことで、江戸幕府の「力による統治」という方針は揺るがなかった。こうした経緯から幕府の最も恐れるのは下剋上で、些細なことでも容赦なく大名たちを改易・減封・転封に処した。処分の理由は、幕府の法令違反、御家騒動、当主の突然死による後継者不在（末期養子《まつご》の禁）などだが、こうした緊張状態を維持していくことで、大名たちに将軍との主従関係を常に意識させ、大名統制を強めていくのが初期江戸幕府の方針だった。

だが大陸国家の諸王朝の例を挙げるまでもなく、武断政治には限界があるので、どこかのタイミングで文治政治へと移行させていかねばならない。

かくして武から文への転換を図っていくのが、十七世紀後半に将軍となった四代家綱の目標となる。

戦国時代の天下人たちが茶の湯によって武士たちの荒ぶる心を鎮めていったのと同様に、家綱と幕閣は儒学を奨励することによって社会秩序を保とうとした。そうした環境下で、白石のような儒学者が頭角を現していく。

その白石に指弾されることになる重秀は、生粋の経済官僚で、書き残したものもないためか、全く知られていない人物と言ってもよい。それゆえ、まずはその事績を時系列で記しておく。

・新たな検地手法を確立する
・不正代官を摘発し、汚職を一掃する
・佐渡奉行として衰微する金山経営を立て直す
・大規模な貨幣改鋳によって幕府に多大な財政的貢献をする
・長崎の貿易構造を改革し、幕府の利潤を最大化する
・地方直し《じかたなお》（幕臣の給与システムの大改革）を実施し、幕府財政を改善させる
・東大寺大仏殿を再興する
・土地をめぐる貸借関係を整理し、ガイドラインを設定する
・地震や自然災害が起こった際のセーフティネットを構築する

このように重秀は官僚として有能なだけでなく、十分な結果も残した。むろんそこには無理

を通したこともあったし、将軍や老中の圧力によって苦肉の策としか思えない施策もあった。それでも本来なら、「幕府中興の祖」と呼ばれてもおかしくない仕事ぶりだったと思う。

重秀の前半生

重秀は幕府勘定所の勘定（平役人）二百俵取りの次男として、万治《まんじ》元年（一六五八）に両国橋付近の武家屋敷の一角で生まれた。下級役人の次男という、下手をすると一生うだつの上がらない境遇に生まれたことになる。それでも重秀は人生をあきらめなかった。記録にはないものの、後の知見の広さからすると、懸命に勉学に励む少年の姿が浮かんでくる。

重秀が生まれる前年には明暦の大火があり、旧弊を刷新していく風潮の中で育ったことも、重秀にとって大きかった。こうしたことから、「新しいことはよきこと」という概念が、重秀の中に植え付けられていったと思われる。

一方の白石は明暦《めいれき》の大火の年、すなわち明暦三年（一六五七）に生まれているので、重秀より一つ年上になる。しかも白石生誕の地は、重秀生誕の地から七百メートルしか離れておらず、二人は少年時代に何らかの接触があった可能性がある。それが何かの遺恨を生んだかどうかまでは分からないが、二人には、隅田川河畔を遊び場として育ったという共通点があった。

延宝《えんぽう》二年（一六七四）、勘定所は三十二人もの若者を大量採用した。後に延宝検地と呼ばれる大規模な検地を行うためだ。その中に重秀もいた。

この若者たちは、実施要領にあたる「検地条目」の作成、実施の監督、検地台帳の整理、徴税実務の追跡調査などに従事した。この時、重秀は中心的な役割を果たしたらしい。というのも三十二人の中で七人が褒賞され、後に勘定組頭に出世するのが三人で、その中で最も早く組頭になったのが重秀だからだ。この時、重秀は二十六歳だった。

延宝八年(一六八〇)、四代将軍家綱が逝去し、五代将軍綱吉の時代が始まった。綱吉は汚職一掃に強い意欲を示し、とくに代官支配を厳しくせよという命令を発した。

この綱吉肝煎りの特別プロジェクトの一員に選ばれた重秀は、厳格な摘発によって汚職代官たちを、斬首、切腹、流罪、追放、相続不許可、逼塞《ひっそく》(閉門)、免職などに処していった。

綱吉は厳格な将軍で、御家騒動で揺れていた越後高田藩二十六万石を改易に処したことを皮切りに、在位二十九年の間に、四十もの大名家を改易や減封に処した。

三十歳の時に勘定吟味役(勘定奉行の次席)に抜擢された重秀は、三百石加増されて五百五十石取りとなった。さらに同じ勘定の汚職摘発にも積極的で、その功により、三十二歳の時に七百五十石取りとなった。

三十四歳の元禄《げんろく》四年(一六九一)には、勘定吟味役に加えて佐渡奉行も兼任する。これは最盛期の八分の一程度に激減していた佐渡の採掘量を元に戻し、幕府財政の改善に寄与させたいという幕閣の意図だった。以後、二十三年の長きにわたり、重秀は佐渡奉行を務める。

鉱山というのは、掘りやすい場所を掘り尽くしても、鉱脈自体が枯渇《こかつ》するわけではない。掘りにくい場所を掘る工夫をすればよいのだ。また無駄なところに労力を掛けすぎると、生産量が増えないこともある。それゆえ生産量を効率的に増やすことを目的に、重秀は鉱山経営全体を見直すことにした。とくに目をつけたのは排水の問題だった。

鉱山は地中深く掘り進むにつれ、地下水が増大する。これを汲み出すのが水替人足と呼ばれる無宿者たちだった。水替は釣瓶《つるべ》と手桶を使って地下水を汲み出す作業で、二十代から三十代前半の屈強な男たちでも、数年で使い物にならなくなるという苦役だった。

重秀が佐渡奉行に就く少し前、「水上輪《すいじょうりん》」と呼ばれる螺旋《らせん》式の揚水機を導入し、それで水を汲み上げようとした。しかし「水上輪」は複雑なからくりなので、故障が多い上、内部にいる水替人足がうまく操作できず、効率はさほど上がっていなかった。

そこで重秀は巨大な排水溝を造り、日本海へと流れ込む河川へ地下水を流そうとした。元禄四年（一六九一）七月に着工したこの大事業は、六年目の元禄九年（一六九六）に完工した。排水溝の距離は九百メートルにも及んだ。

この巨大排水溝が開通するや、各間歩《まぶ》（採掘口）の水が一気に流れ出し、排水作業がほとんど不要になっただけでなく、水没していた鉱脈も多数見つかった。

この排水溝は「南沢疎水坑《みなみざわそすいこう》」ないしは「南沢疎水道」と呼ばれ、閉山となった平成《へいせい》元年（一九八九）まで使われていた。

白石の不遇

重秀が出世街道をひた走る中、一方の白石は不遇な生活を送っていた。

その発端は貞享《じょうきょう》元年（一六八四）、白石が仕える堀田正俊《ほったまさとし》が暗殺されたことに始まる。下総古河《しもうさこが》藩十三万石の藩主である正俊は、綱吉を将軍に据えることに貢献し、綱吉から絶大な信頼を得て大老職に任じられた。以後、幕政に辣腕を振るっていた。

ところが美濃《みの》青野藩一万二千石の藩主の稲葉正休《いなばまさやす》によって、正俊の人生は突然絶たれる。正休は正俊の下役として河内《かわち》平野の溢れ水対策に取り組んでいたが、些細な行き違いから面目を潰され、殿中で発作的に斬撃に及んだのだ。正休はその場で殺されたが、正俊も負傷し、後に死去する。

ところが正俊の跡を継いだ正仲は将軍綱吉から疎まれ、正俊の江戸城大手門前屋敷や正仲自身の屋敷を取り上げられ、事件のあった翌年の貞享二年には、出羽《でわ》山形へと転封を命じられた。さらに約一年後の同三年には、陸奥《むつ》福島に転封となる。転封費は自己負担なので、嫌がらせ以外の何物でもない。

武家社会の不条理な仕来《しきた》りの一つは、加害者だけでなく、被害者にも懲罰が下されることだ。全く落ち度がなくても、「殺される」ないしは「傷つけられる」ことが士道に悖《もと》る行為と見なされ、懲罰的措置が取られる。その典型例がこの一件になる。

こうした混乱の中、堀田家家臣の白石も微禄で生活が困窮し、元禄四年（一六九一）、三十五歳の時、堀田家を辞して浪人となる。この時代の三十五歳は、すでに先が見えてきている年齢だ。自負心が強く、上昇志向と自己顕示欲の権化のような白石としては、口惜しくて夜も眠れなかっただろう。

致し方なく白石は私塾を開いて糊口《ここう》を凌ぐことにしたが、同じような境遇から出発し、おそらく幼少時代に知り合いだった重秀に対し、強烈な嫉妬心を抱いていたかもしれない。

だが人の運というのは不思議なもので、元禄六年、白石は学問の師の紹介で、甲府宰相と呼ばれた綱豊《つなとよ》（後の六代将軍家宣《いえのぶ》）に侍講《じこう》（教師）として出仕することになる。これを機に、白石の登り竜のような出世が始まる。まさにどん底から頂点に至るわけだが、白石は執念深い性格で、重秀に対する嫉妬心を忘れてはいなかった。

貨幣改鋳によって幕府財政を再建

現代社会では貨幣は当たり前のように存在し、当たり前のように流通している。だが経済が未発達な社会での取り引きは、物々交換が基本だった。しかし物々交換は、需要と供給のマッチングが難しく成立する機会が少ない。そのため貨幣を仲立ちとすることで、商品取り引きが活発化していく。

しかし当初は、貴金属の素材価値が貨幣の価値に直結する実物貨幣とせざるを得なかった。

どの国のどの政権も不安定で、貨幣の信用を支えることができなかったからだ。だが時代的要請は待ってくれない。しかも日本の場合、鎖国をしている上に鉱山も枯渇してきており、国内の金属量が減少し、実物貨幣の不足が深刻化してきた。

そこで実物貨幣から幕府の信用に裏打ちされた名目貨幣へと移行すれば、問題は解決される。だが名目貨幣はインフレーションのリスクがある。そのため誰もが二の足を踏み、名目貨幣の導入に踏み切れなかった。ところが重秀はそのタブーに挑戦した。

元禄八年(一六九五)、三十八歳の重秀は貨幣の改鋳を断行した。

具体的には、慶長金銀(小判)と比べて純金含有率が三十二パーセント少ない元禄金銀を鋳造し、元禄金銀との等価交換を促したのだ。これにより幕府は五百八十万両に及ぶ出目《でめ》(差益)を手にした。この出目は、慶長金銀を大量に保有ないしは退蔵《たいぞう》していた富裕層から搾り取ったことになり、まさに富裕層への貯蓄課税のようなものだった。

かくして世界に先駆けて名目貨幣の通用実験が開始された。まさに勘定吟味役と佐渡奉行を兼帯し、将軍や老中の信頼厚い重秀でなければできなかったことだ。

その結果として「貨幣改鋳により物価が騰貴した」ということなら、重秀の失策だと言えるだろう。しかしそんなことはなかった。

この時代は商品の大半が農産物(主に米)のため、物価の上げ下げは農作物の供給量に左右されていた。しかも改鋳前は米価が上がり、改鋳後は下がったという事実もある。つまり改鋳

荻原重秀の主な経済政策

政策		結果
新たな検地手法確立	→	年貢 UP
佐渡の金山経営	→	採掘量 UP
貨幣の改鋳を断行	→	税収 UP
地方直しで幕臣の給与改革	→	幕府支出 DOWN
災害のセーフティネット	→	復興資産 UP

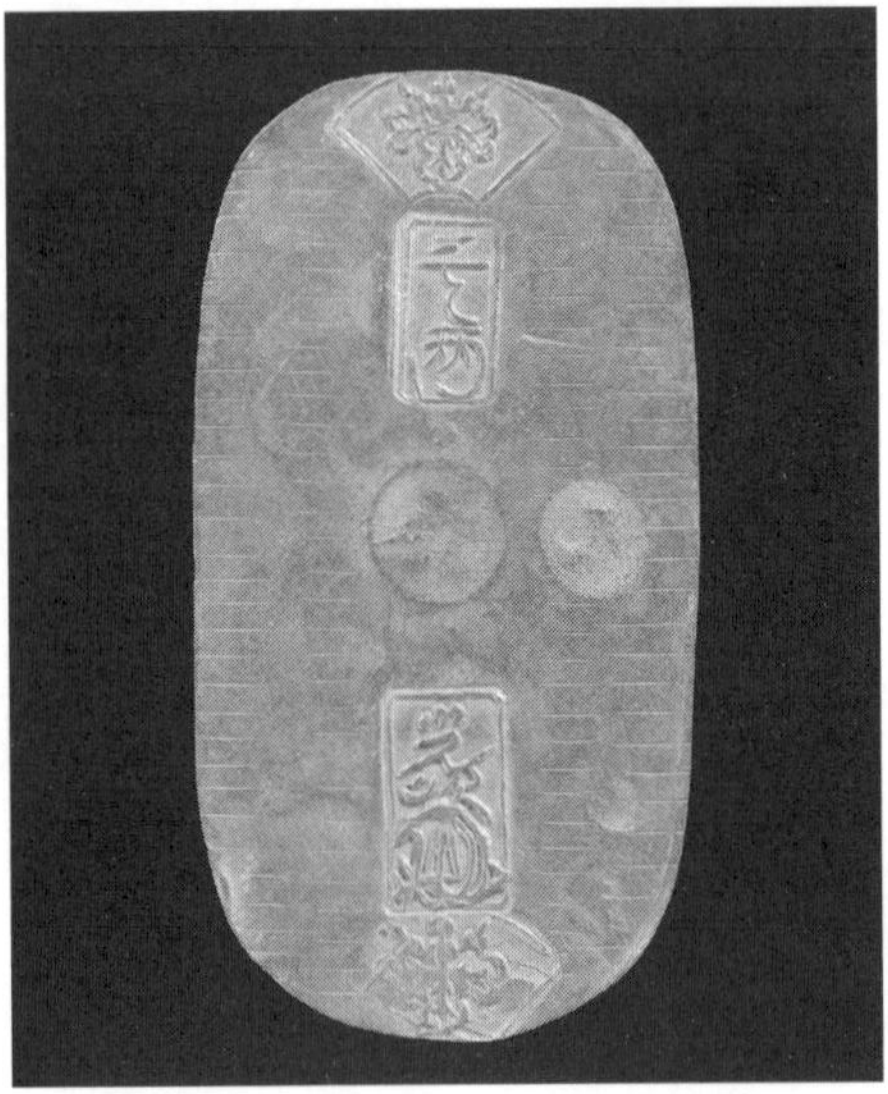

荻原重秀が改鋳した元禄小判（東京国立博物館所蔵）

によるインフレ圧力は微々たるものだった。

結論から言うと、「貨幣改鋳によって通貨供給量が増大し、激しい物価騰貴をもたらした」という従来の説は、データ的に根拠がなかったのだ。

ただし重秀が不運だったのは、改鋳年の元禄八年と同九年にかけて冷夏に見舞われ、米価が史上最高値を記録したことだ。経済の仕組みなど分からない民にとって、貨幣改鋳が物価上昇の主因だと印象付けてしまったことになる。しかも元禄十六年（一七〇三）の元禄大地震は、またしても米価を上昇させた。

それでも改鋳から十一年平均で見れば、年率三パーセント程度の上昇率なので、米価高というほどでもない。その一方で豊作だった年には、米価が暴落しているので、改鋳が物価に影響していないことは間違いない。

もちろん何もかもがうまく運んだわけではない。慶長金銀を退蔵し、交換に応じない富裕層も多かった。使う必要がなければ、金銀の本来的価値から、将来的には退蔵することにメリットがあると思われていたからだ。

また偽造の問題にも悩まされた。それまで幕府は、職人たちが勝手に金銀を溶解することに寛容だったが、重秀はそれを禁じ、一括して溶解する「吹所」を本郷に建設した。つまり金銀鋳造を集中管理することで偽造を防ごうとしたのだ。

さらに鎖国とはいえ多少の貿易もしていたので、貿易決済でも問題が起こった。例えば朝鮮国から仕入れていた朝鮮人参を購入したくても、元禄金銀では拒否されたので、国内の朝鮮人参の価格が暴騰した。そのため重秀は慶長銀と同じ比率で貿易用の銀（通称「人参代往古銀《にんじんだいおうこぎん》」）を鋳造させ、貿易決済にあてるという苦肉の策を取らざるを得なかった。

だが大局から見れば、重秀の改鋳事業は成功し、幕府は財政危機を乗り越えた。

この功績により、重秀は千石を加増されて千七百五十石取りとなり、元禄九年（一六九六）には勘定所の最高職である勘定奉行に昇進し、さらに二百五十石が加増され、二千石取りとなった。

かくして重秀は次々と難題を克服していき、出世の階《きざはし》を上っていくことになる。

その後の重秀の業績

重秀の活躍は続く。その後の業績を以下に列挙する。

・長崎貿易の改革
貿易管理と長崎財政を担う機関として、長崎会所を設立した。

・地方直し
幕臣の給与システムの大改革のこと。旗本を固定給の給米取りから知行取りとすることにより、幕府財政に貢献した。

・東大寺大仏殿再興

天領と大名領への賦課金を大仏殿の建立資金とした。大名領に幕府が直接課税するのは前例がなく、それを大仏殿再興という宗教的名目で突破口を開いたのは画期的だった。

・土地をめぐる貸借関係を整理

封建的土地所有から近代的土地所有へ移行する起点となった改革。「田畑永代《えいたい》売買禁止令」を守りつつ、「質入れ」や「又質」で複雑化した土地の所有権を整理すべく、事実上の所有権の移転を認めた。

・災害対応

元禄大地震、宝永大地震、富士山宝永大噴火への対応策立案と実行。臨時課税の災害賦課金によって復興を牽引、酒造業者や金箔製造業者といった利益の出ている産業に運上金を課した。

白石との対立

人には嫉妬という厄介な感情がある。それでも不遇な人生を送っていた人の人生が突然開けてくると、たいていは過去のことを忘れる。だが中には偏執的な人物もいる。

その典型が新井白石だ。白石は狷介固陋《けんかいころう》を地で行くような性格で、特定の人物を「悪」ないしは「敵」と認識したら、とことんまで追い詰めるという厄介な人物だった。

宝永《ほうえい》六年（一七〇九）、五代将軍綱吉が六十四歳で亡くなった。六代将軍には綱豊が家宣と改名して就いた。しかも老中首座には土屋政直が就いていた。政直はかつて貨幣改鋳に反対していた数直の息子で、白石が幼少期を過ごした久留里藩主の土屋利直の甥にあたる。

かくして重秀にとって不運としか言えない面々が、幕府の枢要を占めることになった。

幕政を左右する力を持った白石は、「天災が続くのは貨幣改鋳のせいで、家康時代の貨幣制度に戻せば、金銀生産量も増加する」といった信じ難い理屈で、重秀を失脚させようとした。

白石は二度にわたって重秀の弾劾《だんがい》書を家宣に提出し、重秀を「倶《とも》に天を戴かざるの仇」とし、「重秀を罷免しないのなら、私が城中で刺し殺す」とまで言い切った。本来なら切腹を申し付けられて当然の激越な言葉だが、あまりのしつこさに辟易《へきえき》したのか、家宣はこれを受け容れ、重秀を解任する。

それでも白石は収まらなかった。重秀の死後、白石の著作『折たく柴の記』では、「荻原の手下を処刑するというのなら、まず荻原の墓を暴いて屍を晒すのが先だろう。冷たくなった死肉をズタズタに切り刻んでも、荻原のような愚鬼にはこたえないだろうが」とまで記している。

しかも「荻原が二十六万両の賄賂を受け取ったことが判明した」というガセネタまで記して

いる。この時代の一次史料にそんなことは出てこない上、もしそれが事実だとしたら重秀は切腹の上、改易とされたはずだ。

ここまで来たら、どちらが「愚鬼」なのかは明らかだろう。

正徳《しょうとく》三年（一七一三）、重秀はこの世を去る。享年は五十六だった。死因は不明で、白石とその一派は自害と唱えるが、重秀を研究する村井淳志氏の綿密な調査によると、囚われの身となって殺された可能性があるという。もちろん新たな史料が出てこない限り、死因は永久に謎のままだろう。

かくして江戸時代を代表する経済官僚だった一人の男は、稀代の悪人として歴史の闇に葬られた。しかし昨今の歴史研究の厳しさは、白石に逃げ得を許すほど甘くはない。ここ十年余の研究の深化により、不世出の経済官僚・荻原重秀の名誉は回復されつつある。

重秀失脚の原因

重秀が失脚した原因を箇条書きにしておく。

・新井白石という偏執的な人物から嫉妬された

・天候不順が原因の米価騰貴を、貨幣改鋳が原因だと誤解され、民の支持を失った

・重秀は政治家ではなく典型的な実務家であり、最盛期でも与党工作をしなかった

・富裕層や既得権益層から苦々しく思われており、苦境に陥った時、誰も助けてくれなかった

・重秀を庇護ないしは支持してきた老中たち（柳沢吉保《やなぎさわよしやす》や阿部正武ら）が隠居ないしは鬼籍に入ってしまったことで、白石の止め役がいなくなった

・綱吉の死によって隠退すれば事なきを得たはずだが、仕掛中の仕事（内裏造営・酒匂川の浚《しゅん》渫《せつ》・朝鮮通信使の接待準備など）があったため勘定奉行の座を下りなかった

重秀の業績は枚挙に暇がないほどだが、新井白石に嫉妬されるという不運により、重秀は非業の死を遂げねばならなかった。何とも報われない人生だ。実はその嫡男も、佐渡奉行として赴任した佐渡で、毒殺と思しき不可解な死を遂げている。

結論として、白石がなぜこれほど重秀を憎んだのかははっきりしない。

重秀の唯一の失策としては、将軍や幕閣の人事を見て早々に辞職しなかったことに尽きるだろう。重秀とは比べ物にならないほどの出世を遂げた柳沢吉保は、空気を読んだのか綱吉の死

と同時に隠居し、十五万石余を子孫に残すことができた。空気を読むというのは、人の運命を左右するほど大事なのだ。

最後に重秀の経営力を検証してみたい。

重秀ほどの実務家はいない。その実務家としての手腕は、石田三成や大隈重信に匹敵するか、それ以上のものだったろう。だが実務家は得てして報われない。しかもストーカー的人物に付きまとわれたのだから不運としか言えない。それでもその企画構想力、先見の明、行動力、そして功績は絶大なものがあった。

惜しむらくは派閥のドンとして君臨するリーダーシップ、また派閥を形成して安全圏に身を置く組織力に乏しかったのは残念でならない。

重秀は「懸命に仕事をし、結果を出せば報われる」と考えていたのかもしれない。だが、それだけでは生き残れないのが人の世なのだ。

荻原重秀の経営力

評価チャート

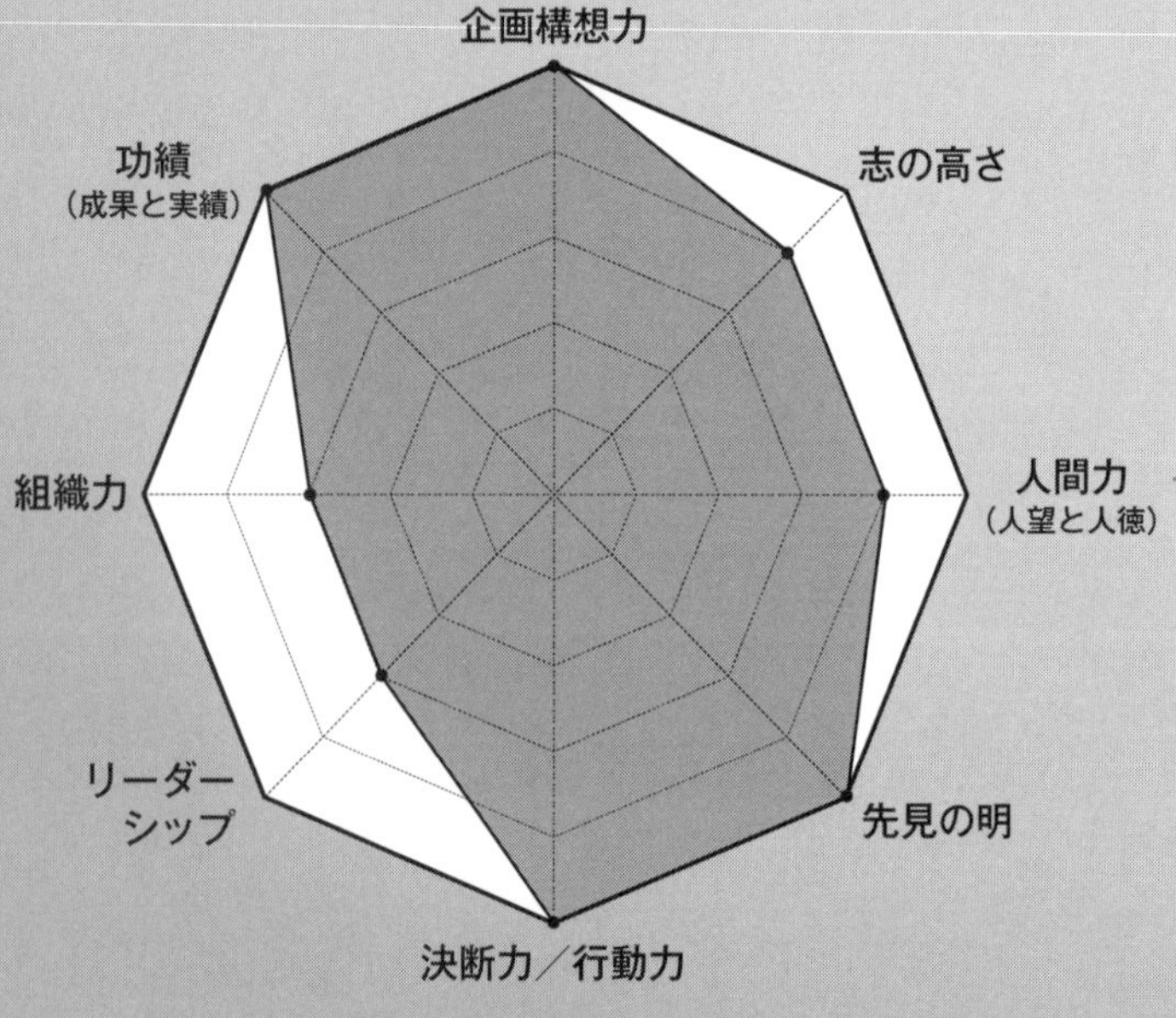

総合評点

34点 ／40

※各評価項目を5点満点として
全評点を合算（40点満点）

――江戸――

第十回

田沼意次《たぬまおきつぐ》

大胆な開発と金融政策を構想した有能〝山師〟

一七一九年（享保四年）～一七八八年（天明八年）

江戸という時代

いつの時代も為政者の役割は、世の静謐《せいひつ》を保ち、万民が安心して暮らせる社会を作り、できれば豊かさを享受できるようにすることだ。それが実現できれば、たとえ為政者たちが不正を働いて賄賂をもらい、贅沢な暮らしをしようと、文句を言う者はさほどいない。

江戸幕府が長く続いた要因は様々あるが、最も大きいのが、時代ごとの経済政策が的を射ていたからだ。それゆえ、まずは江戸時代を経済という観点から概括してみよう。

徳川家康が初代将軍となって江戸幕府が発足した時、おおよそ二百五十万石の直轄領があった。そのほかにも全国各地の金銀銅山を押さえ、さらに長崎での外国交易を独占するなど、幕府財政を潤す要素には事欠かなかった。それゆえ江戸城内には数えきれないほどの蔵が建つほど、莫大な金銀が蓄えられていた。

だがそれも、明暦《めいれき》三年（一六五七）の明暦の大火によって一瞬にして溶けてしまった。しかも江戸城はもとより、五百軒の大名屋敷、七百七十軒の旗本屋敷、数えきれないほどの町屋が焼失し、その再建や防災都市化などで莫大な金銀が必要になった。

保科正之が中心となって行った再建事業で、幕府の財政は火の車となるが、五代将軍綱吉はそんなことお構いなしで奢侈《しゃし》な生活を好み、また護国寺や湯島の聖堂といった大寺院を造営し、わずかに残った金銀を蕩尽《とうじん》した。悪いことに、この頃から商品経済の発展によって米価を除く諸物価はうなぎ上りとなり、鉱山は鉱脈が枯渇《こかつ》し、貿易は金銀の流出を防ぐために縮小せざるを得なくなった。こうしたことから、幕府の収入は減少の一途をたどる。

元禄《げんろく》時代になると、庶民は元禄バブルに沸いたものの、米価の低迷によって幕府の財政収支は赤字に転落し、黒字に転換する材料も見出せなくなった。

それゆえ元禄九年（一六九六）に勘定奉行の座に就いた荻原重秀《おぎわらしげひで》は、貨幣改鋳という思い切った手を打つ。すなわち慶長小判（金銀）を回収し、金の含有量を減らして改鋳し、元禄小判とし、一両は一両として交換させたのだ。これは実物貨幣から信用貨幣へと向かう画期的な施策だった。この結果、幕府は五百八十万両に及ぶ出目《でめ》（差益）を手にした（諸説あり）。

かくして幕府は当面の財政危機を乗り切った。しかも予想されたインフレーションはさほどでもなく、元禄の好景気は維持された。

だが幕府の財政危機は続いたので、武士たちの反発は強まっていた。というのもこの頃、米だけに頼ってきた幕府や諸藩の収入が減ってきたからだ。すなわち諸藩がこぞって行った新田開発などで、米の供給が需要を上回り、米価が低落傾向にあったのだ。こうした事態を招いた原因は、荻原重秀の貨幣改鋳だとされた。

重秀を失脚させた新井白石《はくせき》が幕政の主導権を握ると、元禄小判の鋳造を取りやめ、慶長小判と同等の金銀の含有率となる正徳《しょうとく》小判を発行した。

同時に白石は、金銀の海外流出を防ぐべく「正徳新例」を出して長崎貿易の規範を改めた。すなわち貿易量そのものに上限を設けると同時に、輸出品を金銀から銅と俵物《たわらもの》（海産物）に転換させていった。また輸入されていた必需品（朝鮮人参、甘藷《かんしょ》、サトウキビなど）の国産化にも取り組み、ある程度の成果を挙げた。

こうした政策と同時に、幕府直轄領の増加も徐々に行い、家康の頃は二百万石台だった直轄領を、十七世紀末の元禄期には四百万石まで増やした。この頃から幕府は直轄領からの年貢収入が収入源の柱となっていく。しかし白石の政策は通貨供給量を減少させたのでデフレーションを招き、米価の回復は微々たるもので、幕府財政は悪化の一途をたどった。

八代将軍の座に就いた吉宗は白石を罷免《ひめん》し、自ら陣頭に立って享保《きょうほう》の改革を行った。この原動力となったのが、吉宗が連れてきた紀伊藩出身者たちで、享保十年（一七二五）には二百五人の紀伊藩出身者が旗本となっていた。その中の一人に田沼意次《おきつぐ》の父の意行《おきゆき》がいた。

吉宗は財政支出を削減するために厳しい倹約を命じ、その一方で耕地面積を増やすことに注力した。いわゆる新田開発だが、吉宗は新田開発の資金を豪商に頼り、一定の成果を挙げた。同時に、年貢の徴収法を、その年の作柄に応じて決定する検見取《けみどり》から作柄に関係なく固定される定免制《じょうめんせい》に変えさせた。これで財政が黒字転換したのは言うまでもなく、享保十五年（一七三〇）には、百万両の金が御金蔵《ごきんぞう》に積み上がった。

享保の改革の結果、延享《えんきょう》元年（一七四四）には、幕府の直轄領は四百六十三万石で、年貢は百八十万石に上った（約三十九パーセント）。これが二百六十年余を通じての幕府の石高と年貢のピークになる。

だが定免制はどんなに作柄が悪くても一定量の年貢を納めさせるので、農民たちは困窮した。こうしたことから様々な救済策を講じたため、年貢は減少していき、その減少は瞬く間に十万石に達し、幕府は新たな収入源を探さねばならなくなった。

田沼意次の登場

田沼時代と呼ばれるものは、十八世紀後半の宝暦《ほうれき》・明和《めいわ》・安永《あんえい》・天明《てんめい》期を指し、西暦だと一七五一年から一七八八年までの三十七年間になる。この四つの時代は社会・経済・文化が成熟した時代で、意次のイメージとしては、金権腐敗の政治家で栄耀《えいよう》栄華をほしいままにしたといったところだろう。果たして、それは事実なのだろうか。

田沼意次候画像（鈴木白華筆・牧之原市史料館所蔵）

田沼家の元の名字は佐野だが、家祖とされた正俊の出自や事績は不明で、下野《しもつけ》国人の佐野氏との関係も定かでない。正俊から六代後の重綱が下野国田沼に住み、田沼を称したというから、佐野家の支流の一つだったと思われる。

時代は下り、吉次という者が大坂夏の陣で功を挙げ、紀伊藩の家祖となる徳川頼宣に仕え、子孫は紀伊藩士として続いていく。

意次の祖父の義房は、何らかの理由で致仕《ちし》して牢人となるが、意次の父の意行が、まだ部屋住みだった吉宗に召し出されて側近の一人となり、家運が開けてくる。

吉宗が将軍となったことで、意行は六百石の知行を得るが、不運にも四十七歳で他界する。

本稿の主人公の意次は、意行の長男として

享保四年（一七一九）に江戸で生まれた。十四歳で吉宗へのお目見《めみえ》を済ませ、その二年後、次の将軍に決まっている家重の小姓とされる。

ほかに小姓となった二人も、小納戸役（将軍の身の回りの世話を担当する仕事）となった六人もすべて紀伊藩出身で幕臣になった者の二代目なので、吉宗が家重の時代も紀伊藩出身者を重用させようとしていたと分かる。吉宗は極めて排他的で、実力よりも出身門閥を重視する傾向の強い人物だったのだろう。

意次は、紀伊藩士から旗本になった者たちの第二世代にあたる。吉宗はそうした者たちを家重に近侍させたので、幕臣の中に紀伊閥が形成されていく。

延享二年（一七四五）、吉宗が隠居し、九代家重の時代に入った。家重は言語不明瞭だったというが、様々な史料を総合すると、最低限の意思決定はできるだけの知能は備えていたようだ。そんな将軍の時代に、意次は表舞台に躍り出る。

二年後には御用取次見習となり、意次は異例の出頭を遂げていく。宝暦八年（一七五八）には美濃郡上《ぐじょう》一揆の審理で際立った手腕を発揮し、五千石もの加増を受けて遠江国の相良《さがら》に所領をもらい、大名の末席に名を連ねた。相良藩田沼家の誕生である。

宝暦十年（一七六〇）には家重が隠退し、その息子の家治《いえはる》が十代将軍に擁立される。本来なら将軍の隠退と同時に、前代の側近は身を引くのだが、意次はそのまま家治の御用取次を続けることになる。その理由として、家重が家治に「（意次は）またうとのもの」、すなわち「まともな人物（正直で律儀な人物）」なので重用せよと言ったとされる（『徳川実記』）。

　家重が死去した時、その葬儀を取り仕切った功により五千石の加増を受けた意次は、一万五千石の領主となる。明和二年（一七六五）には従四位下侍従《じじゅう》に叙任された上、五千石を加増されて二万石となり、相良に築城を許される。

　明和五年（一七六八）に築城が開始された相良城は、実に十一年の月日をかけて完成した。この城は天守を築くことも許されていたので、意次は二万石の身代に見合った豪壮な三重櫓を築いている。

　明和六年（一七六九）には老中格、明和九年には「格」が取れて老中になり、三万石になる。しかも将軍の側用人（御用取次）も兼ねていたので、絶大な権力を有していた。この後も、前例のない加増と出頭を遂げていく意次だが、それが周囲の嫉妬を生んだのは間違いない。

　天明元年（一七八一）には、嫡男の意知《おきとも》が部屋住みにもかかわらず三十三歳で奏者番に就任する。これは儀式典礼などを取り仕切る仕事で、老中へと昇進するための出発点となる役職にあたる。家督を継いでいない身で父が現役老中にもかかわらず、この職に就くのは前例がない。

　その二年後、意知は早くも若年寄に昇進する。しかも将軍側近として中奥の職務も果たすことになったので、将軍権力を父子で独占するという異例の事態が生まれた。

　かくして田沼父子の絶頂期が訪れるが、何事もやりすぎには強い反動が生まれる。しかもこの頃から、意次が傲慢になったという証言がある。意次は六十三歳なので、衰えも出てきた頃だろうし、隠居してもおかしくない年齢だ。その後のことを思えば、そろそろ家督を意知に譲って隠居すべきだったのかもしれない。だが意次は隠居せずに、老中であり続ける道を選んだ。

暗転する運命

絶頂期が転落の芽を内包しているのは、幾多の歴史が教えている。だが田沼父子の場合、それは突然襲ってきた。

天明四年（一七八四）三月、意知が殿中で佐野政言《まさこと》という旗本に斬殺されるという事件が起こる。意知は三十六歳の若さだった。

幕府は佐野を乱心者と決めつけ、切腹を申し付けたが、実際は私怨が理由だったようだ。というのも佐野政言は本家筋にあたるにもかかわらず、知行五百石の旗本にすぎず、田沼家に嫉妬心を抱いていた。しかも意知に頼まれて佐野家の系図を貸したにもかかわらず、幾度催促しても返してもらえなかった。また佐野家の七曜の旗を見たいというので貸したが、こちらも取られてしまった。また任官のために賄賂を贈ったにもかかわらず、任官が叶わなかったという。こうした私怨が重なり、犯行に及んだというのだ。これらの理由を取り調べの際に述べているので事実だろう。

これは殿中の事件で、政言は意知をしつこく追いかけて背後から何度も斬りつけたという。周囲には多くの人がおり、取り押さえようとすればできたという取り調べの結果も出ている。

つまりこの事件自体は突発的だったとしても、そこにいた者たちは佐野に「討たせた」という状況だったようだ。それを裏付けるように、傍観していた者たちは事件後に罰せられている。

この事件は、田沼時代の終焉を告げるものとなってしまう。というのも意次の男子は意知しか残っておらず、これで跡継ぎがいなくなったからだ。しかも意次は六十六歳という隠居も秒読みの年齢だったので、権力の継承プランが断絶したのは明らかだった。そのため意次の威権は急速にしぼんでいく。遠からず終わる政権はレームダックと呼ばれるが、まさにそうなってしまったのだ。

翌天明五年、意次は将軍家治の特別な計らいで一万石を加増され、五万七千石の中堅大名となり、相良藩は意知の息子に嫡孫継承される許しが出た。しかし落日は目の前なのは誰の目にも明らかで、意次の周囲にいた人々も瞬く間に遠ざかっていった。

将軍家治としては、先々の田沼家の減封は確実なので、自分の目の黒いうちに、できるだけ加増しておこうと思ったのかもしれない。

かくして意次の失脚劇が始まる。

天明六年（一七八六）八月に家治が死去すると（公式発表は九月）、意次は老中を辞任する。それを待っていたかのように同年中、「勤役中に不正の儀」があったことを理由に、二万石と大坂蔵屋敷を没収された。そして翌年には、二万七千石を没収され、田沼家は相良城を破却させられた上、一万石の大名に格下げされる。

こうした一連の措置は、新たに老中に就任した松平定信によって行われた。吉宗の孫にあたる定信は意次を憎むこと一方ではなく、新将軍家斉に提出した意見書の中で「二度も刺し殺そうと思った」「自分にとって敵であり、盗賊同然」とまで書いている。新井白石もそうだが、こんなことを書く人間に幕政の主導権を握らせていたのだから恐れ入る。

結局、定信による寛政の改革が始まったことで、意次は腐敗政治の象徴として指弾されていく。それが現代に至るまでの意次のイメージを決定する。

天明八年（一七八八）七月、意次は失意のうちに死去する。享年は七十だった。その胸に去来するものは何だったのか。おそらく「これだけ幕府に尽くしたのに」という思いだったに違いない。では、それは本当なのか。続いて意次の事績から、その経営力を検証していきたい。

意次の経営手腕

徳川吉宗の享保の改革は、年貢を増やして幕府の財政を再建するという堅実なものだった。しかし定免法で、これ以上の年貢を搾り取ろうとすれば百姓たちは限界に達する。そのため意次は、新たな収益源を求めざるを得なかった。

意次は「株仲間」という制度を編み出した。これは商人や職人に鑑札を与え、仕入れ販売の独占権を幕府が保障し、その見返りとして運上《うんじょう》や冥加《みょうが》と呼ばれる営業税を納めさせる制度だ。これは廻船問屋、両替商、酒造業、質屋、米の仲買商、湯屋、旅籠《はたご》、さらに職人にまで適用され、その納める税は莫大なものになった。

また南鐐《なんりょう》二朱銀という新貨を発行した。これは、関東では金貨、関西では銀貨による取り引きが主だったことから、東西をまたぐ取り引きを行う場合、状況に応じて、どちらかに両替せねばならなかった。その際、金銀の相場が変動するので、商人たちは相場の動きを見ながら取り引きするかどうかを決めていた。それにより経済が停滞するので、南鐐二朱銀を流通させて東西の垣根を壊し、相場を固定化させたのだ。

こうして「株仲間制度」「南鐐二朱銀の流通」さらに説明は省いたが「輸出振興策」の三本柱によって、幕府の財政を再建した。明和七年（一七七〇）の幕府の御金蔵には、三百万四千両もの貯えができていた。

さらに意次は、勘定所にベンチャー・キャピタル部門のようなものを設け、外部から持ち込まれる様々な案件を吟味し、有望なものに投資していった。これを推進したのが、意次と肝胆《かんたん》相照《あいて》らした勘定奉行の松本秀持になる。

勘定所に提案に来る人々は「山師」と呼ばれた。この「山師」は起業家と同じで、資金的援助によって事業化を図ろうとした。その中にはエレキテルの発明で有名な平賀源内もおり、秩父の鉱山開発を提案したが、調査発掘のみで実現には至らなかった。

田沼時代の経済政策を特徴付けるのが、この「山師」という用語で、幕府の収入を増やすためにしていることが、投機的なことのように思われていたのだ。米が富の源泉としか考えられない人々にとっては、田沼らの取り組みは、「山師」としか映らなかったのだろう。今でいえば、起業家たちを守銭奴のように見る風潮に似ている。

意次は勘定所を通じてどういった政策を構想し、実行に移していったのだろうか。

それは大小あるが、以下の四つの大きな政策に絞って評価していきたい。

・印旛沼《いんばぬま》の干拓《かんたく》
・蝦夷地開発
・両替商役金制度
・貸金会所構想

まず「印旛沼の干拓」だが、利根川の下流にある二十万平方キロメートルにも及ぶ印旛沼は、もし干拓に成功したら約三千九百ヘクタールもの新田が生まれる巨大なプロジェクトだった。すでに享保の改革の頃から計画・着手されていたものの、資金不足で中断していた。

これに目をつけた意次は、天明四年三月に測量を行い、翌天明五年末頃から着工した。ところが天明六年七月、利根川が氾濫《はんらん》し、すでに済んでいた「〆切普請」が水泡に帰すことで、印旛沼は元の状態に戻ってしまった。この頃、ちょうど将軍家治は死の床に就いており、また意次自身も追い込まれていたため、この干拓計画は頓挫する。

続いて「蝦夷地開発」は、仙台藩士の工藤平助が書いた『赤蝦夷風説考』という著作を読んだ意次が調査を命じたことに端を発する。本書は天明三年に書き上がったというので、これも田沼時代の最末期にあたる。この頃は「天明の飢饉」や浅間山の大噴火が重なり、また印旛沼の干拓にも力を入れ始めた頃なので、天明四年中頃まで動きがなかった。しかしようやく動き出した同年三月、意知が殺され、田沼時代の終焉が見えてきたので、このプロジェクトは苦しい船出となった。

それでも意次は蝦夷地の鉱山を開発し、そこから上がる金銀銅を原資としてロシアと交易するという構想を掲げる。この計画は勘定奉行の松本秀持が積極的に進めたこともあり、意次の隠退後も続けられる可能性があった。しかし調査の結果、鉱山開発は見込みが薄いとなり、蝦夷地の新田開発策に切り替えられた。しかし資金、技術（凍土なので）、労働力の面で、蝦夷地の新田開発は夢物語でしかなく、進捗が見られないうちに自然消滅してしまった。

第三の「両替商役金制度」は、天明元年、金座を取り仕切っていた後藤庄三郎からの陳情が発端になる。田沼時代には金貨の鋳造がなかったため、金座で働く人々が困窮し、金座が解体の危機に瀕しているというのだ。金座の技術が失われれば、金貨の鋳造はできなくなる。そのため意次は、傷ついた金貨（軽目金）を両替商から金座へ出させて修理させることで、両替商から役金（手数料）を徴収する施策を思いつく。

結局、天明三年から両替商役金制度は発足するが、両替商たちの強い反発によって頓挫し、

田沼意次の経済政策

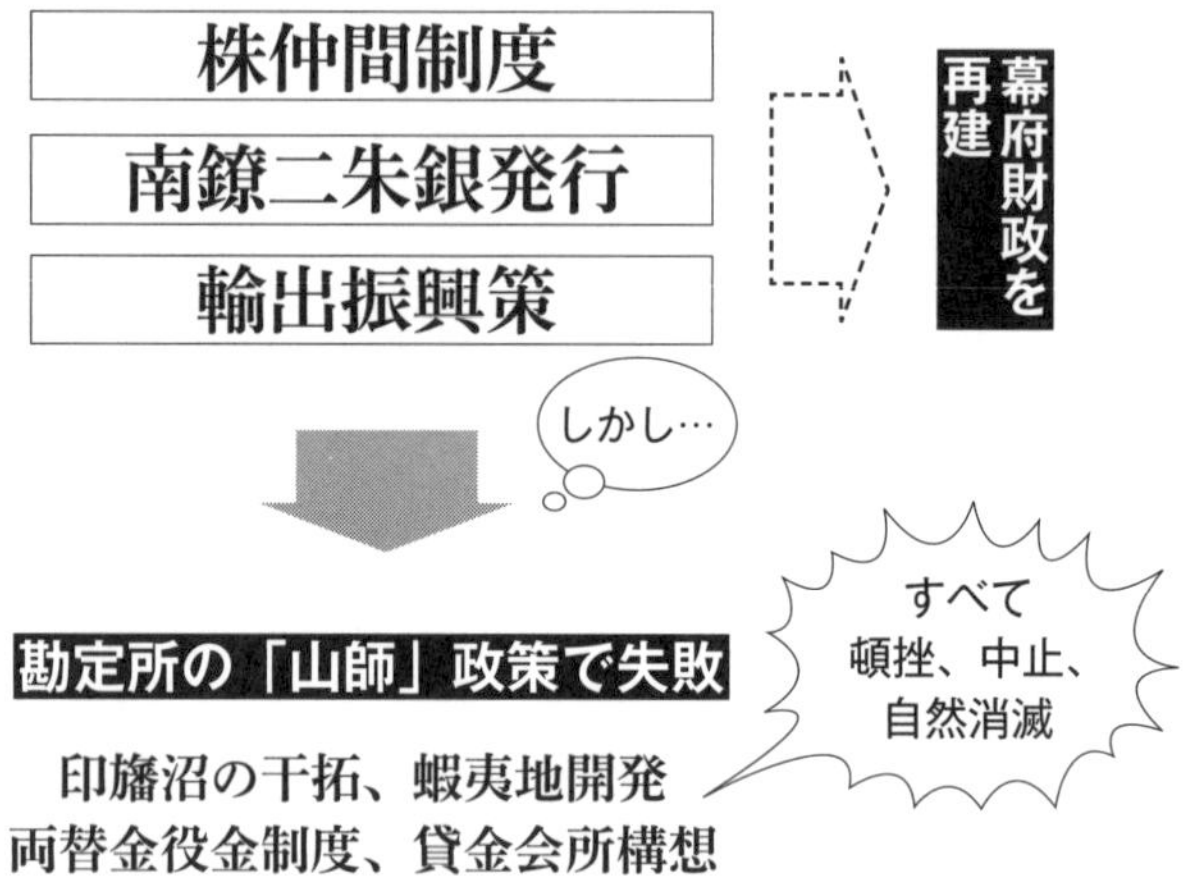

意次の失脚後の天明七年に廃止になってしまった。

第四の「貸金会所構想」だが、まず大坂の豪商たちに御用金を命じ、彼らの資金を困窮する諸大名への貸し付けに回そうという発想が発端だった。だが豪商たちは回収の目途が立たないものを貸すのを嫌がり、貸し渋りが起こった。そのため発足して一年にも満たない天明六年十月に廃止となった。かくして諸大名の救済と幕府財政の新たな財源とする一挙両得を狙った御用金令は失敗に終わった。

だが意次は屈せず、続いて貸金会所の設立をもくろむ。これは大坂の豪商から御用金を徴収する方法に代わり、全国の寺社、百姓、町人から御用金を徴収し、大坂に貸金会所を設け、会所から融資を求める大名に年七パーセントの金利で貸し付ける制度で、いわば幕府による銀行だった。寺社、百姓、町人側からすれば、強制的に買わされる国債のようなものだが、五年以降に利子が付いて返ってくるので、それほど悪いものではない。

しかしこれは全国共通に課税するため、幕藩体制の根幹を成す「領地の徴税権は大名のもの」という大前提を覆すものとなり、いかに困窮していようと、諸大名が受け容れるはずがなかった。

結局、この制度は発足から二カ月後に中止になる。表向きは、利根川氾濫などの自然災害による被災者の救済に資金を優先するということだったが、実際は諸大名の反発が大きかったことによる。そうこうしているうちに意次が失脚し、うやむやになってしまった。

かくして意次が構想した大胆かつ積極的な財政策は、どれも尻すぼみで終わってしまった。

意次の事績と評価

その知名度ほどは事績を挙げていない意次だが、どうしてそうなってしまったのだろう。

まず田沼時代とは呼ばれるものの、先任老中たちが幕政を牛耳っていた事実がある。つまり彼らが死ぬまで、意次の独裁ではなかったのだ。

老中首座の松平武元《たけちか》が安永八年(一七七九)、老中の板倉勝清と阿部正允《まさちか》が安永九年、同じく松平輝高が天明元年(一七八一)に死去することで、ようやく意次の独裁が始まったが、ほぼ同時に意知が殺されているので、意次が権勢を振るえた期間は極めて短かった。しかも松平武元、板倉勝清、阿部正允、松平輝高の四人は、そろって老中在任のまま死去しているので、死の直前まで権力の一端を担っていたと思われる。

唯一、松平輝高は老中でありながら、気鬱の病を発していたというので、意次の独裁を牽制する役割を果たせなかったかもしれないが、それでも意次が幕政を完全に掌握していたのは一年から一年半だろう。それだけの期間でやれることは限られてくる。こうしたことから意次の生涯を俯瞰すると、「運のなかった人」という評価が下せる。

意次は際立って有能で実行力もあり、幕政を託すに足る人材だった。しかし出頭が遅れたことで高齢になり、自らの事業を継続させるために、無理して息子の意知を出頭させた結果、意知の死によってレームダック化され、様々な財政再建構想さえも水泡に帰してしまったのだ。

また次代を担ったのが宿敵の松平定信だったという不運もある。当時、賄賂は誰でももらっており、意次がとくに多くもらっていたわけではない。しかし定信の寛政の改革を際立たせるために、いかに前代が悪かったかを強調する役割を担わされてしまったのだ。

意次から学べることは、いかに才はあっても、運がなければ成功は覚束ないということだ。

しかし意次の失脚は運だけだろうか。彼は反対勢力への配慮が足りなかった。息子や紀州閥以外の人材を取り立て、事業や構想を引き継いでくれるよう育てておくべきだったのだ。中長期的な事業は育成を伴うもので、それをおろそかにしては頓挫するだけなのだ。

最後に意次の経営力を検証してみたい。

既述のように幕府財政を再建するために、意次は多岐にわたる事業計画を立案した。その成否は別としても、その企画構想力は認めねばならない。また決断力や行動力に富み、勘定所という保守的な組織を動かす力量もあった。

だが紀州閥という中核となる組織を持っていながら、それを生かし切れたかというと難しい。どちらかというと意次は、紀州閥よりも諸大名との関係強化に励み、娘や養子を大名家に送り込んだ。娘を入輿《じゅよ》させたのは岩付《いわつき》藩、与板《よいた》藩、横須賀藩で、養子を送り込んだのは綾部藩、沼津藩、菰野《この》藩で、こうした婚姻政策により、天明四年（一七八四）の老中四人は全員が意次の親戚だった。これらの大名たちが、意次の失脚後、彼らを離縁または廃嫡したのは言うまでもない。結局、意次は自らの母体とも言うべき紀州閥と疎遠になったため、いざという時、紀州閥から救いの手は差し伸べられなかった。

人の生涯は後から見れば、何とでも言える。だが当事者はその時その時、必死に考え行動していた。意次は実務官僚であり、多くのことを望むのは酷かもしれない。しかし人間力やリーダーシップを磨いていたかといえば、そうした痕跡は史料から見出せない。そうした弱みを克服できなかったところに、意次の失脚劇の原因があったのだろう。

田沼意次の経営力

評価チャート

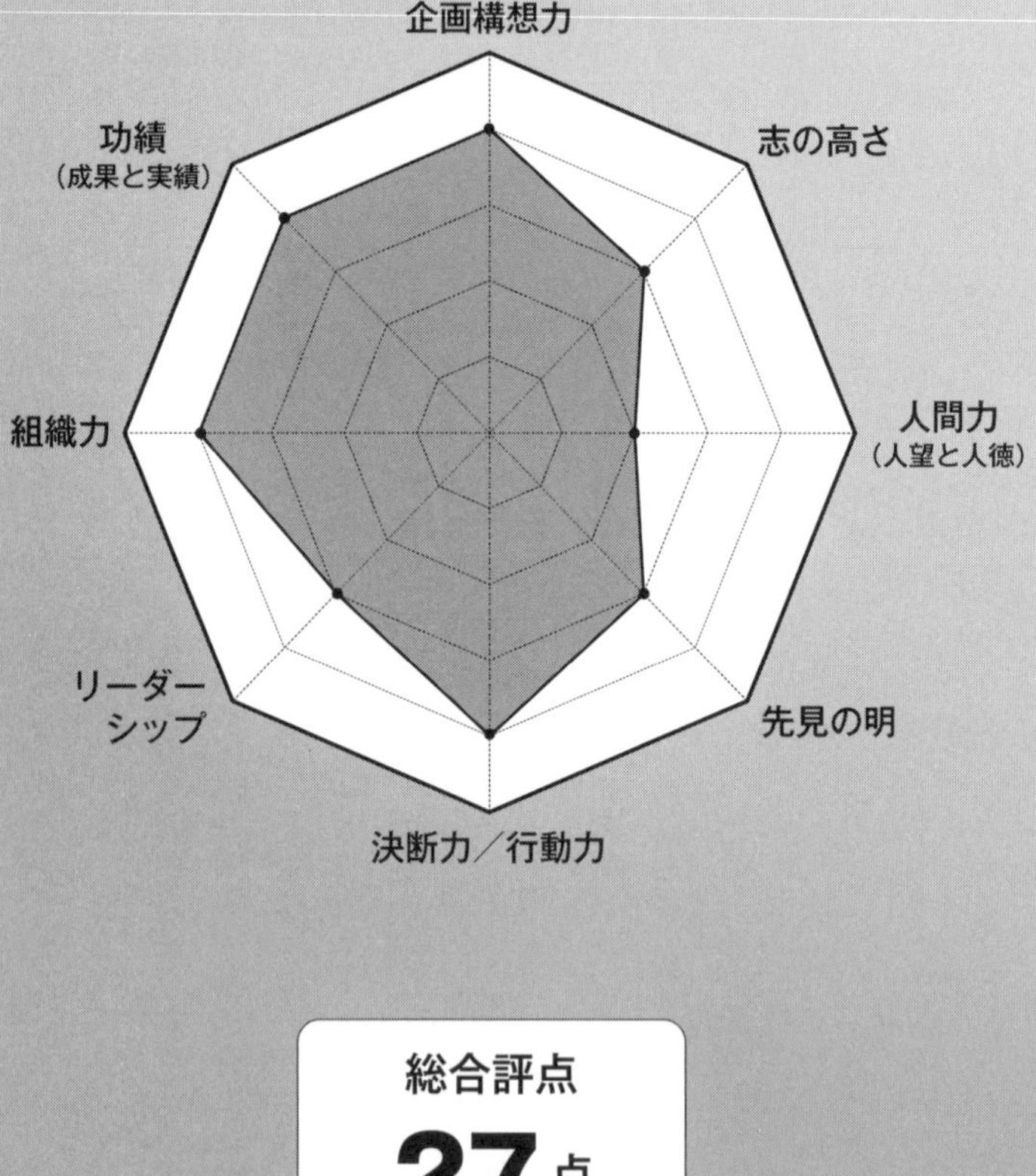

総合評点

27点
／40

※各評価項目を5点満点として
全評点を合算（40点満点）

第十一回

冷徹な決断力で日本のパラダイム・シフトを推進

大《おお》久《く》保《ぼ》利《とし》通《みち》

一八三〇年（文政十三年）～一八七八年（明治十一年）

——江戸～明治——

青年時代の大久保

大久保利通は文政《ぶんせい》十三年（一八三〇）八月、薩摩国に生まれた。西郷隆盛は三歳年上だが、幼少の頃から極めて親しい間柄だったのは周知の通りだ。

幼少時代の大久保は、学問は優秀だが、武芸は得意ではなく、長短併せ持った多くの中の一人として、友人たちと共に学び、将来の夢を語り合っていたようだ。

大久保は若い頃から日記を書く習慣があり、それがよくも悪くも、その時々の心境を残す役割を果たしていた。とくに若い頃の日記を読むと、後年の「孤独な独裁者」というイメージとはほど遠い、伸び伸びとした青春時代を感じさせる。

大久保も「郷中《ごじゅう》教育」、そして精忠組（西郷を中心とした急進派若手グループ）の影響下にあり、西郷らと議論を戦わせながら切磋琢磨《せっさたくま》していった。

しかしそんな幸せな日々も、瞬く間に過ぎていった。

父の利世《としよ》が嘉永《かえい》二年（一八四九）に「お由良《ゆら》騒動」に連座して島流しとなったことで、二十歳の利通も失職し、一家は極貧生活に陥る。日記も実に十年余の空白期間を経ることになるが、それだけ金策と生活の立て直しに必死だったのだろう。

それでも嘉永六年（一八五三）に復職できたことで、大久保の活躍が始まる。

青年大久保に最も大きな影響を与えたのは島津斉彬《なりあきら》だ。斉彬がいかに開明的で殖産興業に力を入れたかは、ここで記すこともないことだが、そんな斉彬も安政《あんせい》五年（一八五八）に死去する。その影響かどうかは分からないが、この頃から大久保の視点が、「薩摩藩をどうする」から「天下国家をどうする」に移行し始める。

それを契機として、大久保は同志四十人との脱藩計画を企てている。この時は新藩主の茂久《もちひさ》の慰撫《いぶ》によって思いとどまるが、大久保が西郷の不在（失脚して遠島）を機としてリーダーシップを取り始めたのも事実で、この頃から主体的な政治活動が始まる。

また大久保は、脱藩して個人で動くよりも薩摩藩を動かしていった方が国家のためになると覚ったのだろう。この頃から藩主茂久の父で藩政の実権を握る久光に接近する。久光を終生嫌っていた西郷とは真逆の考え方だ。極論すれば、大久保が久光の信頼を勝ち得たことで、薩摩藩を倒幕の原動力にできたわけで、それがなければ、西郷があれだけ偉大な存在となり得たかどうかは分からない。

ところが安政七年（一八六〇）三月、桜田門外の変が勃発し、その中の一人に精忠組の有村次左衛門がいたことで、薩摩藩は政局の渦中に放り込まれる。大久保は久光に京都への出兵を懇請するが、久光は動かない。

大久保は切歯扼腕《せっしやくわん》した。この時、幕藩体制がある限り、一介の藩士には政局を動かせないと覚ったのかもしれない。

文久《ぶんきゅう》元年（一八六一）後半から、久光によって大久保は藩政を動かす一人に抜擢される。十二月には京都に入り、岩倉具視と密談している。この頃の大久保は、まだ久光の手足のような存在だった。

その後も大久保は朝廷工作に精を出し、翌文久二年（一八六二）二月、朝廷側も久光に率兵《そっぺい》上京の密勅を下す。かくして三月、久光は一千の兵を率いて上京することになる。大久保の暗躍が実ったのだ。

藩政の中心となる大久保

文久二年の久光の率兵上京は、かねてから大久保たちが目指していた薩摩藩による京都の守衛が実現したことになる。だがこれに沸き立った尊王攘夷志士たちが、こぞって京都を目指したことで、恐怖した朝廷は久光に浪士たちの取り締まりを命じる。

大久保利通
（国会図書館所蔵）

四月、伏見の寺田屋に集まっていた薩摩藩の尊攘志士たちが、久光の命によって派遣された藩士と斬り合いになった。寺田屋事件である。この事件に接した大久保は傍観者的立場を崩さず、日記に何も書いていない。冷徹な政治家としての一面が、この頃から萌芽してきていたのだろうか。

さらに事件が起こる。久光一行が勅使を連れて江戸まで行った帰途、生麦《なまむぎ》事件を起こしてしまうのだ。これにより薩摩藩と英国との関係が悪化する。

文久三年（一八六三）、大久保は藩重役へと異例の出頭を遂げる。政局が混迷を極め、先が見えない中、久光は大久保に藩の舵取りを託した。むろん重役の一人に小松帯刀《たてわき》がいたことが幸いし、この頃から小松—大久保—西郷というチームが躍動し始める。

五月十日、長州藩が関門海峡を通りかかった米商船を砲撃するという攘夷を実行する。三条実美《さねとみ》が主導する朝廷が攘夷実行を将軍家茂《いえもち》に要求し、家茂も同意したので、国内法的には全く問題ない行為だったが、列強が黙っているわけがない。

孝明天皇は久光に親書を送り、攘夷は自分の本意ではないので、尊攘派を一掃してくれるよう依頼する。だが久光は動かない。長州藩と事を構えたくなかったこともあるが、実は生麦事件の影響で英艦隊が襲来するという情報が入っていたので、動けなくなっていたのだ。

そして七月、英艦隊は実際にやってきて鹿児島城下を砲撃する。薩英戦争である。だが薩摩藩の砲台も反撃し、英艦隊に痛手を与えた。この時の戦後交渉によって、双方は緊密な関係を築くことになる。

一方、京都では攘夷の嵐が吹き荒れ、攘夷志士たちの抑制が利かないところまで来ていた。そこで薩摩藩と会津藩は八月十八日の政変を実行し、長州藩を京都から追い落とす。この政変の根回しをしたのが高崎正風《まさかぜ》ら在京薩摩藩士で、その背後には久光がいた。その後も高崎らは公武合体論を唱え、会津藩との連携を重視していく。それが倒幕に傾倒していく小松―大久保―西郷一派と袂《たもと》を分かつのは自明の理だった。それゆえ高崎らは、明治維新後も不遇をかこつことになる。

薩摩の大久保から日本の大久保へ

文久年間は久光の手足の感が強かった大久保だが、八月十八日の政変後に久光が上洛を果たした頃から、久光の相談相手に格上げされた感がある。久光が提唱していたのは、「列藩諸侯による公儀が必要」、すなわち賢侯たちを中心とした政体への転換で、これが後の「五箇条の御誓文」における「広く会議を興し、万機公論に決すべし」へとつながっていく。

それは参預会議として結実する。だが参預の一人となった将軍後見職の一橋慶喜《ひとつばしよしのぶ》は、久光に対して疑心を抱き、久光と孝明天皇の離間策まで行う。これにより胸襟《きょうきん》を開いて語り合うことはできなくなり、元治《げんじ》元年（一八六四）三月、参預たちは辞表を提出して国元に帰ることになる。

大久保にとって、これは大きな挫折だった。その落胆と慶喜に対する不信感を書簡の中で吐露している。これが後々、幕府を打倒せねばならないという決意に変わっていく。

国元に戻った大久保は、将来を見据えた藩政改革を進めるが、六月、早くも陸海軍士官の養成機関となる開成所と藩政の評議機関に位置づけられる議政所となって実現する。

一方、大久保と入れ替わるようにして入京した西郷が従事したのは、幕府や諸藩の情報収集と政情探索だった。この時、慶喜は諸外国の力を借りても尊攘派の総本山の長州藩を討伐しようとしていた。それが明らかとなり、西郷も慶喜に対する不信をあらわにしている。

そんな最中の六月五日、池田屋事件が勃発し、幕府（厳密には一橋家・会津藩・桑名藩）と長州藩の亀裂は修復し難いものとなる。これに激高した長州藩は七月、上洛軍を送り込む。結局、御所の蛤《はまぐり》御門一帯で戦闘があり、長州藩軍は会津・桑名・薩摩連合の前に惨敗を喫する。しかも八月、長州藩の攘夷実行の報復として、四カ国艦隊が下関を砲撃し、砲台まで占拠された。

こうした長州藩の苦境に同情した西郷は、長州藩が恭順の姿勢を取ったことで征長の必要性はなくなったと断じ、幕府が積極的に進めた第一次長州征伐を、戦わずして終わらせた。

少し時はさかのぼるが元治元年三月、水戸藩尊攘派が鎖国を主張して決起する。天狗党の乱である。これを断固弾圧する方針の幕府は、参勤交代制を復活させるといった強硬な姿勢を取り始める。結局、慶喜に拝謁しようと上洛行の途に就いた天狗党だったが、同年十二月に敦賀で加賀藩に降伏する。

これを危惧した久光は元治二年（一八六五）二月、大久保を上洛させた。ちょうどこの頃、慶喜は天狗党征伐の司令官となって敦賀に向かっていたが、天狗党降伏の報告を受け、京に戻ってきた。その後、慶喜は三百五十二名もの元水戸藩士らを処刑することに同意した。

これを聞いた大久保は慶喜に対して憤り、「幕滅亡之表」、すなわち「幕府滅亡の表れ」と日記に記している。これを読む限り、この頃から大久保は公武合体論や諸侯会議論を捨て、倒幕論に傾いていったと分かる。

倒幕から討幕へ

元治二年が慶応《けいおう》元年と改元されたばかりの四月、幕府は第二次長州征伐を諸藩に布告する。これを聞いた大久保は、「格別に面白い芝居となりそうで楽しみです」と書いた書簡を友人に送る。この時、大久保は国元に戻っていたので、久光は大久保を上洛させた。

閏《うるう》五月、入京した大久保は幕府に協力しない旨を伝えると、水面下で長州藩との同盟を模索する。これに一役買ったのが土佐藩出身の坂本龍馬で、薩摩藩の名で蒸気船や砲銃を購入し、長州に運び入れた。

大久保は内乱が長引くことで、清国の二の舞、すなわち日本が列強の植民地となることを危惧し、西郷と共に内乱阻止に動いていた。つまり挙国一致体制で日本を守らねばならない時に、幕府と一会桑《いっかいそう》が長州再征を行うという姿勢に憤りを感じていたのだ。

この頃から大久保は開化策、すなわち富国強兵こそ日本の目指すものだと強く唱え始める。

慶応二年(一八六六)正月、坂本龍馬の仲立ちで薩長同盟が締結される。とかく薩長同盟の解釈は難しいが、両藩が「皇国之御為」という大義を掲げている点に注目したい。この時点で薩長両藩は藩利から脱し、国益を意識したのだろう。

その間も長州再征の動きは進んでいた。四月、大久保は老中の板倉勝静《かつきよ》に会い、出兵を拒絶した。これは久光らの総意だった。そして八月、第二次長州征伐は幕府軍の惨敗に終わる。

列藩の連合体による政体への機運は盛り上がってきていた。そんな最中の同年十二月、慶喜が将軍職に就いた。これは、それまで歩を一にできなかった幕府と一会桑勢力の一体化につながり、警戒を要するものだった。

しかしその二十日後に孝明天皇が死去することで、慶喜は一転して窮地に立たされる。慶喜の権力の源泉は孝明天皇との信頼関係にあり、「玉《ぎょく》を握っている」ことが薩長に対するアドバンテージになっていたからだ。

慶応三年（一八六七）五月、久光、松平春嶽《しゅんがく》、山内容堂《やまのうちようどう》、伊達宗城《だてむねなり》、そして慶喜の五人が一堂に会し、国事を論じ合う会議が開催された。だがここでも慶喜と残る四人の見解は相違し、これに大久保と西郷は失望し、武力討幕に傾いていく。

後に四侯会議と呼ばれることになるこの朝議も、参預会議の轍《てつ》を踏むように決裂し、大久保と西郷にとって、慶喜は不倶戴天《ふぐたいてん》の敵という認識になる。

六月になると、薩摩・長州・討幕派公家の連携が強まり、一気に加速していく。ちなみに平和裏に幕府を終息させる倒幕と軍事力によって幕府を屈服させる討幕の意味は異なるが、この時点で大久保と西郷は、倒幕から討幕に転換したと言ってよいだろう。しかも大久保は岩倉具《とも》視《み》を動かして朝廷を周旋《しゅうせん》し、討幕の密勅《みっちょく》を出させることに成功する。

一方、新体制の主導権争いに出遅れていた土佐藩は、慶喜に大政奉還を勧めるという動きに出る。これは薩摩藩にも相談があったが、慶喜が受け容れるわけがないと高をくっていた。

つまり大久保と西郷は、慶喜が大政奉還を断ることで、討幕の大義が得られると思っていたのだ。だが慶喜はそれを受け容れ、十月に大政は奉還された。これにより大久保が苦労して手に入れた討幕の密勅も反故にされた。

王政復古のクーデター

同年十一月、島津茂久が率兵上京を果たす。松平春嶽と山内容堂も入京した。大久保は彼らや公家たちの間を走り回り、意思統一を図ろうとした。ここに大久保が構想する王政復古後の新体制案が浮上する。

それは太政官を設け、その中に総裁、議定《ぎじょう》、参与の三職を置き、その下で有為の材に実務を行わせるというものだった。

そして十二月、王政復古の大号令が下された。この時、春嶽と容堂が慶喜の寛典《かんてん》を説くが、これを岩倉具視と大久保が一蹴する。かくして慶喜に辞官納地《じかんのうち》が申し渡されるが、それを慶喜と会津・桑名両藩が受け容れるわけがない。

ただしこの時点で、幕府軍との軍事衝突の覚悟が大久保と西郷にあったのかというと、そうとも言い切れない。慶喜が辞官納地に応じて江戸に謹慎するなら、無血クーデターという形で、政治体制の刷新を行うというシナリオも描いていたはずだ。

だがそうはならなかった。慶喜には会津・桑名両藩が付いており、また江戸には近代化され

大久保利通構想の太政官制度

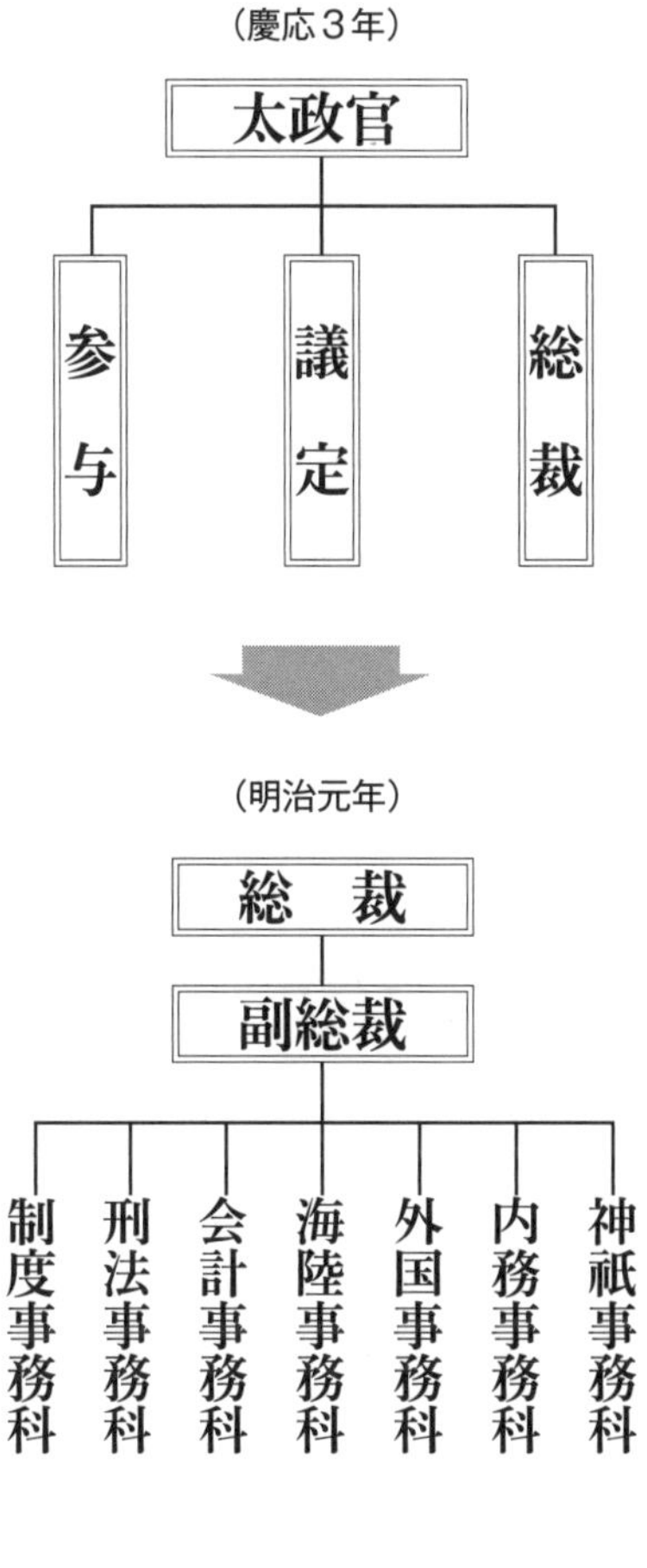

た軍団も控えていたからだ。彼らの突き上げを食らい、失地回復が可能と思ってしまったところに、慶喜の甘さがある。それでも双方の間で対話の空気は盛り上がっており、場合によっては、何らかの妥協がなされる可能性もあった。ところが十二月二十三日、薩摩藩の江戸藩邸を庄内藩兵などが焼き討ちすることで、事態は大きく動き出し、慶応四年（一八六八）正月早々、戊辰《ぼしん》戦争が勃発する。その一連の戦いに勝利した薩長土三藩を中心にして、明治新政府が樹立されるのは周知の通りだ。

明治新政府発足

参与という新政府の中心の一人となった大久保は、諸制度の整備を進め、太政官に神祇《じんぎ》、内国、外国、海陸軍、会計などの科（省庁のようなもの）を置き、議定と参与が分担して諸事を処理していく体制を作り上げた。

しかし旧弊を一新するのは容易なことではなく、京都では公家たちの影響が強くなると案じ、また町の広がりにおいても限界があることから、江戸への遷都を強行する。

旧弊一新を掲げた明治政府の次なる大きな山場は、明治《めいじ》四年（一八七一）の廃藩置県となる。これは武士の時代を終わらせる画期的なもので、武士階級の強い反発が予想された。それゆえ大久保は木戸孝允《たかよし》と密談を繰り返し、ソフトランディングを試みようとした。

まず版籍奉還によって、名目上の土地と民を諸侯から朝廷に返上させた。むろんこれは建て前上のことで、依然として旧体制は維持されていた。これでは主権国家の体を成さず、中央集権による挙国一致体制も布きにくい。

またこのあたりから、久光と大久保・西郷組の対立がはっきりしてきた。明治三年二月、大久保は久光と激論を戦わせて決裂する。久光は息子の忠義（茂久）と共に、抗議の意味で官位を辞す。双方の仲立ちをしていた小松帯刀が、明治になって病によって精彩を欠いたのも大きかった。帯刀は明治三年七月に三十六歳で死去する。

またこの頃、木戸孝允率いる開明派（大隈重信、伊藤博文、井上馨《かおる》ら）との対立も激しくなってきた。彼らは急進的近代化論者で、漸進的な大久保と対立していた。

要は、決して多くはない政府の原資をどう振り向けるかだが、飢饉による農民の窮乏や士族授産に振り向けようとする大久保に対し、大隈らは大蔵省と民部省を根城にして、積極的な殖産興業策を推し進めようとしていた。しかし大久保は大隈をやりこめ、大蔵省と民部省を分離させて、急進派を抑え込んだ。

そうした内紛を抱えながらも明治四年七月、廃藩置県は実行に移された。この時の大久保の言葉が日記に残されている。

「七百年の旧弊がようやく改まった。初めて世界万国と対峙するの基礎が固まる」

しかし大久保は、即時の廃藩置県に賛意を示していたわけではなかった。この点では急進的な木戸派に押し切られた形だった。

大久保の外遊と明治六年の政変

廃藩置県が実行されてから四カ月後の明治四年十一月、大久保は岩倉使節団の副使として欧米への外遊に出かける（実際は不平等条約の改正予備交渉）。この使節団の団長は岩倉で、木戸と伊藤も副使として随行していた。

この外遊によって、産業革命によって近代化された欧米を実見した大久保の殖産興業に対する思いは強くなった。

ただし一つ問題が起こった。外遊前、大久保は自分たちが外遊している間は、主要政策の決定や重要人事を留守政府が行ってはならないという「十二カ条の約定書」を、西郷や大隈ら留守組の参議との間で取り交わしていた。ところが明治六年（一八七三）に大久保が帰国すると、留守政府の面々は勝手に様々な施策を決定していた。

これに大久保は愕然とした。留守政府は自分がいない間に新しい政策を出しまくり、参議も増員されていたからだ。つまり「十二カ条の約定書」は無視されたことになる。

大久保は休暇を取って頭を冷やそうとするが、このままでは留守政府の面々のやりたい放題だ。とくに西郷は、自ら朝鮮使節となって朝鮮国との間に外交関係を築こうとしていた。

一方、板垣退助らは、西郷が朝鮮に渡れば暗殺されると確信し、それを理由に出兵しようと画策している。しかし戦争になったら政府の財源は枯渇《こかつ》する。大久保としては、何としても西郷の使節派遣を取りやめさせねばならなかった。

大久保は岩倉らと組んで西郷を陥れ、西郷や江藤新平ら五人の参議に辞表を提出させた。かくして「明治六年の政変」と後に呼ばれることになる政争は、大久保の勝利に終わった。だがこの時、西郷との間に入った亀裂は、修復できないほどになってしまった。

十月、官を辞し故郷に帰ることにした西郷が大久保に会いに来た。これが二人の最後の面談となるが、この場には伊藤博文も同席していた。伊藤によると、後事を託しに来た西郷を大久保は冷たく突き放し、すこぶる険悪な雰囲気に終始したという。

この時の大久保は、これが最後の面談になるとは思っておらず、西郷の約束の無視や勝手に官を辞すという無責任に憤っていたのだろう。かくして両雄は決別する。

またこの頃から自由民権運動が盛んになり、議会制民主主義の導入を求める声が高まってきた。だが大久保は民権よりも国権の強化こそ急務だと信じていた。というのも欧米諸国は当初、国家が強大な権力を持ち、富国強兵策と産業革命を推し進めたという経緯があったからだ。

大久保の有司専制とその死

明治六年十一月、大久保は新設された内務省の卿（現在の大臣）となった。ここに有司専制体制、すなわち「大久保時代」と呼ばれる四年半（明治六年十一月から明治十一年五月まで）が幕を開けることになる。

する。

明治七年（一八七四）になると、板垣たちの自由民権運動と並行するように士族反乱が頻発

同年一月に佐賀に帰郷した江藤は、征韓党の党首に担ぎ上げられ、政府に対して反乱を起こした。これを聞いた大久保は即座に佐賀に行き、怒濤の勢いで反乱を鎮圧する。

反乱の首魁たちへの生殺与奪権を与えられた大久保は、形式ばかりの裁判をした後、国家反逆罪として江藤らを斬罪に処した。裁判の際、江藤は発言の機会を与えられないことに憤り、法廷を罵ったが、これを見た大久保は「江藤醜態笑止」と日記に書き留めた。これを見る限り、大久保の江藤に対する憎悪は凄まじいものがあったのだろう。

続いて問題となったのは台湾だった。

五月、台湾征討は弓矢しか武器を持たない先住民が相手なので難なく成功したが、コレラやマラリアなどの熱病にやられ、六百五十人余が命を落とした。しかも出兵経費は莫大な額に上った。それでも大久保は、佐賀の乱の即時鎮圧と台湾征討の成功を合わせた実績で周囲を黙らせ、有司専制を推し進めようとした。

佐賀の乱、台湾征討、そして樺太・千島交換条約と、大久保を実質的首班とする政府は、世間の反対意見を黙殺し、強引に政策を推し進めた。その強硬な姿勢に世情は反発し、それを新聞各紙が煽《あお》ることで、いよいよ各地で不平士族の動きが本格化してきた。

残念なことだが、佐賀の乱以降の大久保は、それまでの冷静さを失ったかのように独裁傾向

が強まっていく。西郷を決起させたのも大久保の挑発による可能性が高く、薩摩士族だけでなく官軍側にも多くの死傷者を出したことが、その後の日本にとって大きな痛手となっていく。すなわち有司専制体制が確立されていくに従い、平衡感覚に秀でた大政治家・大久保は影を潜めていったとしか思えないのだ。その結果、西南戦争の翌年にあたる明治十一年（一八七八）、大久保は不平士族たちに暗殺されてしまう。

大久保利通の経営力

幕末から明治維新は、日本国が経験したことのない変化の荒波にもまれた時代だった。その渦中にあり、パラダイム・シフトを推進していったのが大久保だった。その「動かざること山の如し」としか言えない意志の強さが、どれだけ新政府の信用に結び付いたか分からない。

ただ大久保には思想はあっても、それを実現するための道筋を作っていく実務能力がなかった。それに長けた者たち、すなわち大隈重信や伊藤博文なくして、大久保の考えが具現化していったかどうかは分からない。

また維新前は、久光、帯刀、西郷の陰に隠れ、維新後も有力政治家の一人という位置づけで、強力な政治力や指導力を発揮したとは言い難い。

それでも明治六年の政変後、大久保は名実共に政府の中心となる。ところが今度は、その冷酷非情に過ぎる一面が現れ、交渉や懐柔といった手を使わず、佐賀の乱で有無を言わさず佐賀士族を討伐し、西南戦争で故郷の同胞たちを死に追いやった。不平士族だけならまだしも、無駄な内戦で官軍側の若者も死んでいった責任は、大久保に帰されるだろう。

人には適材適所がある。図らずも新政府の指導的立場に就いてしまった大久保だが、本来はナンバー2として誰かを助けたり、多くの意見の中から最もよいと思うものを選択したりすることに長けている政治家だったのではないだろうか。

最後に大久保の経営力を検証してみたい。

まず企画構想力には優れていた。日本をどういう国家にしていこうという考えが明確で、自らが正しいと思えば頑として妥協しない姿勢は大政治家にふさわしい。だが、コミュニケーションを取りながら落としどころを探し、相手に納得させる人間力があったかというと、それは認め難い。また志は高く、私利私欲に走ることはなかった。それは死後に残った財産はなく、借金だけだったという事実からも分かる。

大久保の最も優れている点は決断力と行動力だが、妥協を許さない姿勢によって軋轢《あつれき》が生まれたのも事実で、独裁傾向の強い人物だったことも確かだ。

倒幕から明治維新における大久保の功績は申し分ないが、有司専制確立後の混乱を見れば、大久保がナンバー2に向いていたのは明らかだろう。

大久保利通の経営力

評価チャート

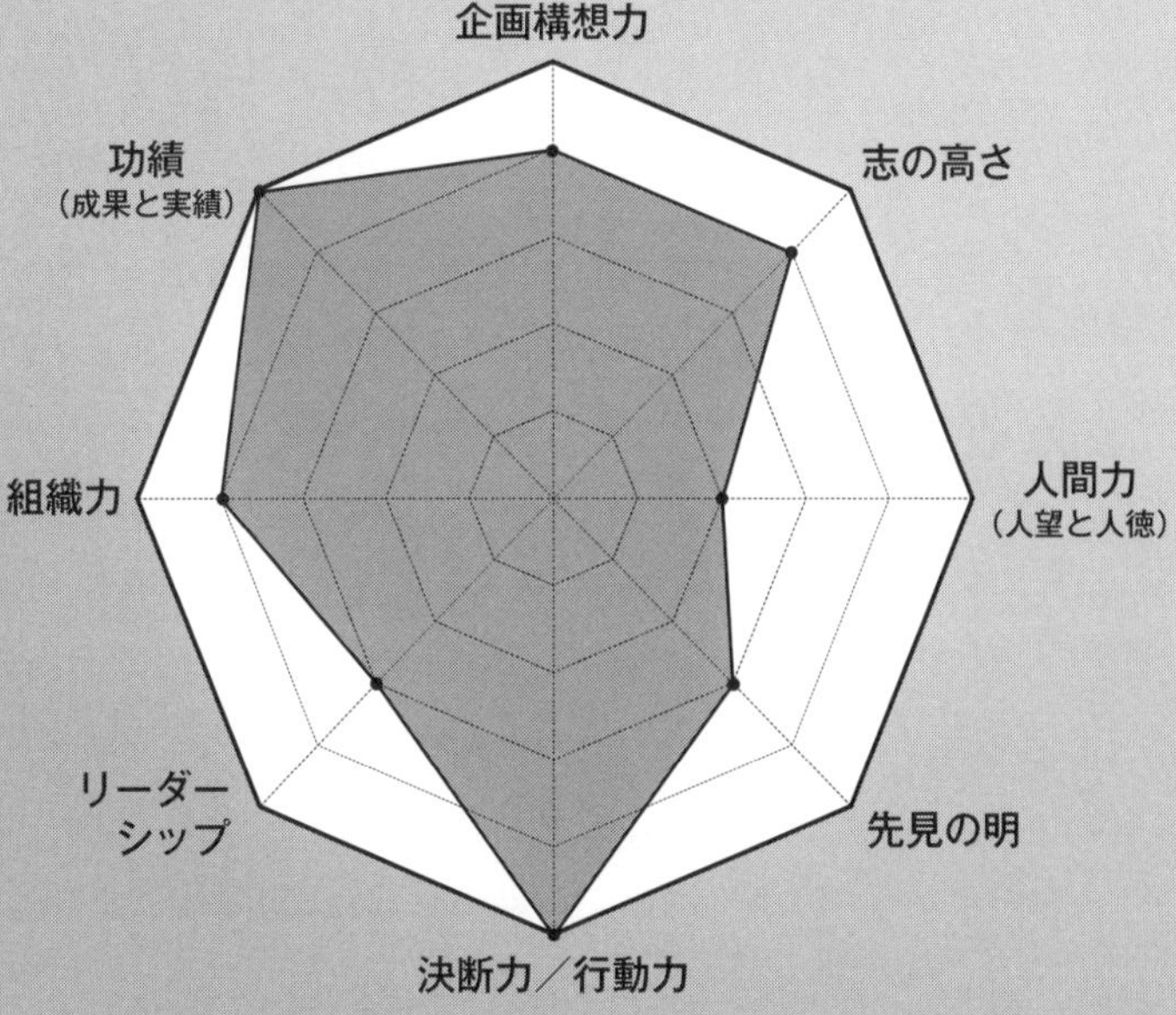

総合評点

30点
／40

※各評価項目を5点満点として
全評点を合算（40点満点）

第十二回

——江戸〜明治——

大《おお》隈《くま》重《しげ》信《のぶ》

改革のビジョンと実現へのロードマップ

一八三八年（天保九年）〜一九二二年（大正十一年）

分かりにくい男

大隈重信の名を聞いたことのない人は少ないだろう。では何をやった人かと問われれば、十人中九人が「早稲田大学を創設した人」と答えるはずだ。大隈の事績として、早稲田大学の創設は大きなものの一つだ。しかし大隈が、それだけにとどまらない傑物なのも事実だ。

では、なぜ分かりにくい男になってしまったのだろう。

その理由の第一は、天保《てんぽう》九年（一八三八）に生を享《う》けた大隈は、大正《たいしょう》十一年（一九二二）まで八十四年の人生を歩んだことにある。あまりに人生が長く、あまりに多くの事績を残したので、それを一言で表せなくなってしまったのだ。

第二点として、幕末期に政治活動に従事しておらず、志士としての実績がないことが挙げられる。つまり勇壮な話題に乏しいのだ。

第三点として、明治《めいじ》維新後は藩閥政治の打破を目指していたこともあり、薩長両藩の関係者から冷ややかな目で見られていたこともある。これにより大隈の死後、その主導した様々な事績も薩長出身者のものとされる傾向があった。

第四点としては、明治十四年の政変で伊藤博文との政争に敗れて下野した後、政府と野党の間を行き来し、「政局の人」というイメージが定着したことだ。いわゆる典型的政治屋というイメージを持たれたことも痛かった。

そして第五点として、大隈が直筆の文章をほとんど書かず、その時々の彼の考えが伝わりにくくなっていることも挙げられる。

かくして「分かりにくい男」となってしまった大隈だが、本稿では最新研究成果を基に、その経営力に迫っていきたいと思う。

幕末の佐賀藩と大隈

佐賀平野という豊かな大地、日本の表玄関・長崎に近いという地理的優位性、そして「蘭癖《らんぺき》大名」と呼ばれた佐賀藩主・鍋島直正の作り出した進取の気風が、大隈を育てたと言っても過言ではない。

六歳で藩校の弘道館の外生寮（通いの学校）に入った大隈は、目立たない少年だったという。

大隈重信（国会図書館所蔵）

しかし内生寮（寄宿生）に進学してから、めきめきと頭角を現し始めた。友人の証言によると、何事にも要領よく、学問では要点を摑むことに長けていたという。これは後年まで大隈の最大の武器となっていく。

嘉永《かえい》六年（一八五三）のペリー来航は、佐賀藩にも衝撃をもたらした。この時、十六歳だった大隈は、友人たちと政局や時事問題を論じるようになった。

青年期の大隈の思想に大きな影響を及ぼしたのが義祭《ぎさい》同盟だ。これは国学者の枝吉神陽《えだよししんよう》が主宰する政治結社の原型のような集団で、「神州日本において君とは天皇だけで、将軍や藩主は主にすぎない」という「日本一君主義」を唱え、佐賀藩内で尊王論の先駆けとなっていた。

義祭同盟には神陽の弟の副島種臣《そえじまたねおみ》、その友

人の江藤新平や大木喬任《おおきたかとう》ら、後に維新政府で活躍する面々も加盟しており、佐賀藩の尊王思想の中核となっていく。だが攘夷論までは唱えていない。というのも地理的に長崎から入ってくる情報が多く、なおかつ藩主の鍋島直正が開明的で、西洋諸国の文物の導入に積極的だったこともあるからだ。すなわち佐賀藩内では、自然に開国を前提とした挙国一致体制の樹立という思想が形成されていったのだ。

その後、大隈は洋学を志して弘道館を退学し、蘭学寮で学ぶようになる。だが大隈は物理や化学といった理工系の学問は苦手としていたようだ。というのも大隈は何かの原理を追究するより、実利を重んじた学問を好んでいたからだ。

文久《ぶんきゅう》二年（一八六二）頃の大隈の国家経営ビジョンは、「天皇と朝廷を中心とした国家体制を確立し、列強と貿易して国力をつけていく」というものだった。だが藩主の直正とは、開国という点で一致していても、倒幕では一致していなかった。鍋島家は徳川家やその係累と縁戚関係を結んでおり、直正は最後の最後まで倒幕論を受け容れることはなかった。それが、肥前（佐賀藩）が薩長土の後塵《こうじん》を拝することにつながり、明治維新の貢献度が薩長土肥という順に収まった原因となる。

その後、蘭語から英語への転換をいち早く覚った大隈は、米英書を要領よく読み漁り、佐賀藩きっての西洋通になっていく。

文久から慶応《けいおう》にかけて、中央では尊王攘夷論が過熱し、長州藩は外国船を砲撃するといった暴挙に出る。だが長州藩と尊攘派勢力は文久三年（一八六三）の「八月十八日の政変」で一掃され、時代は薩摩藩や会津藩などの唱える公武合体論に向かいつつあった。

この頃の大隈は、佐賀藩の貿易事業に携わっていた。佐賀藩の特産品を売り、列強から艦船や機械を購入する仕事だ。この頃に学んだ国際的な貿易ルールや外国商人との交渉術が、後年大いに役立つことになる。

その後も政局とは距離を取っていた佐賀藩と大隈だが、中央の政局は予断を許さないものとなっていた。慶応二年（一八六六）の第二次長州征伐の失敗は、幕府の屋台骨を揺るがすほどで、これにより幕府の先が見えてきた。となれば新政府の主導権争いに加わらねばならない。大隈らは直正を動かそうとしたが、直正は動かない。

翌慶応三年には、幕府と討幕派諸藩双方から、佐賀藩に味方になるよう密使が送られてきた。それでも直正は情勢を観望するという方針を貫いた。

大隈らは直正に、将軍慶喜に大政を奉還するよう勧めさせようとするが、これにも直正は首を縦に振らない。それに業を煮やした大隈は、副島と二人で脱藩の挙に出る。しかしすぐに捕らえられて佐賀に強制送還されてしまう。

ところが佐賀藩が出遅れているうちに、土佐藩が大政奉還の建白をしてしまい、慶喜はこれを受け容れる。佐賀藩としては千載一遇の機を逃したことになるが、薩摩藩と岩倉具視《いわくらともみ》によって、それも覆されることで、いよいよ両陣営は軍事衝突へと突き進む。

さすがにこの事態を直正も憂慮し、大隈に意見を求める。「待ってました」とばかりに大隈は率兵上京を勧めるが、それでも直正は動かない。大隈は直正が「温厚な雅量」を持った人物だったので、積極策に転じられなかったと後年語っているが、実は、五十四歳という当時としては高齢の直正は、胃潰瘍《いかいよう》も患っており、体力・気力共に失われつつあったのだ。

飛躍の時

激動の時代には、無からのし上がる人物がいる。大隈重信もそんな一人だった。

慶応四年（一八六八）、鳥羽・伏見の戦いで惨敗を喫した幕府に崩壊の危機が迫り、周囲を敵に囲まれた長崎奉行所は、江戸に引き揚げてしまう。これにより長崎奉行所の携わっていた公益事業や訴訟は、すべて停止する。そのため薩長土肥など十六藩による合議制で、長崎奉行所を運営していくことになった。この時、佐賀藩の代表として三十一歳の大隈が指名された。それまで佐賀藩の貿易を担当していたにすぎない一青年に、飛躍の時が訪れたのだ。

大隈は旧長崎奉行所の外交事務を一任され、長年解決されなかった諸藩と諸外国との貿易関連の訴訟を二カ月で一掃する。大隈の緻密な調査力と公平な態度は外国人にも受け容れられ、大隈の評判は高まっていく。

信用というのは、相手に低姿勢で接したり、「Trust me」などといった甘い言葉を囁いたりすることではない。公明正大な態度で堂々と仕事をすれば、相手も認めてくれるものだ。

三月、大隈は新政府に招聘《しょうへい》される。しかも総裁・議定《ぎじょう》に次ぐ参与に抜擢されたのだ。全く志士活動の実績のない大隈にとって意外だったが、それだけ維新政府の人材は払底《ふってい》していたのだ。この時、推挙してくれたのが井上馨《かおる》で、その流れで木戸孝允《たかよし》や伊藤博文とも親しくなっていく。ほぼ同時に、同じ佐賀藩の副島と大木も参与に任命された。

大隈の名を政府内に知らしめたのは、英国公使パークスとの交渉だ。パークスの外交は威嚇が基本で、何かと言えば大声で怒鳴り散らし、相手を脅かして成果を挙げてきた。だが大隈は一歩も引かず堂々とわたりあった。それがパークスから一目置かれることになり、後々まで良好な関係を築くことになる。

政府の要人たちは一方的にまくしたてるパークスが苦手だった。それゆえパークスとの交渉を大隈に押し付けた感がある。つまりパークスというジョーカーのような存在が、大隈を押し上げていくことになる。

次なる大隈の大仕事は、未経験の財政・会計分野だった。

明治政府の財政を取り仕切っていた由利公正《ゆりきみまさ》は、戊辰《ぼしん》戦争の戦費調達と維新政府の資金不足を補うため、金札（太政官札）と呼ばれる不換紙幣を濫発していた。だが不換紙幣は正貨（金銀などの貨幣）と交換ができる紙幣ではないので、市中の信用が得られず、人々は額面より大幅に安い相場で正貨と交換せざるを得なかった。しかも金札の発行量は明治二年（一八六九）末で四千八百万両に達し、政府の年間歳入の四倍にも上っていた。

大隈重信の政治・経済政策年表

西暦	年齢（数え年）	出来事・経済政策
1838	1	佐賀で生誕。
1868	31	佐賀藩代表として旧長崎奉行所の外交事務を担当。 明治新政府の参与に任じられる。 英公使パークスと交渉し、浦上信徒事件を解決。
1869	32	贋貨問題を解決。新通貨の発行など改革を主導。 大蔵大輔となり東京・横浜間の鉄道敷設推進。
1870	33	大蔵大輔兼任で参議となる。
1871	34	留守政府にて財政をはじめとする諸制度の改革を断行。
1877	40	西南戦争
1881	44	明治十四年の政変で下野。
1889	52	暗殺未遂事件で右足を失う。
1898	59	初の政党内閣で首相就任。
1907	70	早稲田大学総長に就任。
1914	77	第二次大隈内閣を組閣。
1922	85	死去。

それだけなら国内問題で済む話だが、外国人商人が日本人商人から金札を受け取り、それを正規のレートで正貨に交換できないと知り、それぞれの公使館に抗議が殺到した。

こうしたことから大隈は由利を辞任に追い込み、この問題の解決に邁進することになる。そして紆余曲折の末、大隈の貨幣政策は功を奏し、明治政府は最大の難題を解決することに成功する。

これ以降も、大隈の対外国人交渉力と財政運営力は、維新政府の屋台骨を支えていくことになる。ただし明治二年六月から焦点となった版籍奉還問題では、大隈や伊藤の主張する「一気に廃藩まで持っていく」という急進論に、大久保と木戸が難色を示したことで、政府内に最初の亀裂が入る。

鉄道敷設

大隈の経営力の中でも、近年とみに注目が集まっているのが東京・横浜間の鉄道敷設だ。近代化を図る上で、物流の重要性は計り知れない。

日本は四方を海に囲まれているため、海運や河川舟運が物流を支えてきた。だがそれにも限界がある。川のない場所に物を運ぶには、鉄道が必須だった。

また封建制が終わったことを国民に周知させるためにも、さらに廃藩置県への道筋として、もはや藩境がないことを知らしめるという意味で、鉄道は効果的だと思われた。

「大日本鉄道発車之図」中央の絵の左端の人物が大隈。（国会図書館所蔵）

大隈らは東京を起点とし、東海道沿いに京阪を経て神戸に至る幹線と、京都から敦賀《つるが》に至る支線の敷設を第一期計画とした。大久保はコストに不満で反対したが、大隈は岩倉と木戸の支持を取り付け、明治二年十一月、鉄道の敷設は閣議決定された。

問題は資金だったが、これはイギリスとの借款《しゃっかん》契約によって賄うことになる。当初は契約書の不備からイギリス人実業家に騙されかけたが、パークスの紹介でオリエンタルバンクが支援に入り、事なきを得た。かくして外債公募から約二年を経た明治五年（一八七二）九月、東京・横浜間の鉄道開業式が行われた。

鉄道の敷設が日本にもたらしたものは大きかった。今でも「文明開化」と言えば鉄道や機関車が連想されるように、鉄道が新時代到来の象徴となり、国民全体の意識改革につながった。

大隈は単にビジョンを提示するだけでなく、実現に至るまでのロードマップが描けるところに強みがあった。

そこには「どこからいくら借りて、いくら儲けて、いつまでに返す」といった資金計画まで綿密に練られており、こうした実務の才能が能書きばかりの志士が作った維新政府にとって、いかに重要だったかを痛感させられる。

大隈を嫌った人たち

人格者としての趣をまとった晩年を除き、大隈を嫌う人は多かった。政治的立場としての好悪は別として、人としての大隈を西郷と大久保がそろって嫌ったという点からも、その性格や特性が薩摩人とは最も合わなかったと言える。薩摩出身の西郷従道《つぐみち》、寺島宗則、黒田清隆、松方正義からも好かれていなかったことも、それを裏付けている。

薩摩藩閥で唯一仲のよかったのが五代友厚《ごだいともあつ》だが、五代は商人ということもあり、大隈の合理性を理解できたのだろう。

明治十二年（一八七九）一月のことだが、五代は大隈に苦言を呈している。いわゆる大隈の「短所五カ条」である。これは手紙となっているので、四十五歳の五代が四十二歳の大隈に語り掛ける形式を取る。

・たとえ愚説愚論だと思っても、人の話を最後まで聞くこと
・目下の者が君の意見と五十歩百歩のことを言ったら、それを自分の意見とせず、『よくぞそ

れに気づいた』と言って褒めそやし、その者の意見として取り上げる
・「才能智識」のない者に怒気怒声を発すれば徳望を失う
・何事も拙速に進めようとせず、多数の者が納得できる時機を待つことが必要
・君が人を嫌えば、その人も君を嫌う

維新政府は、諸藩の有象無象《うぞうむぞう》が寄り集まって作った政権なので、互いの文化も違えば、価値観も違う。例えば、口が達者な者を軽蔑する薩摩藩出身者と、議論を好む長州藩出身者では、価値観が真逆になる。こうした混沌の中、大隈は近代化に邁進せねばならなかった。そのため物事を強引に推し進めねばならない時もあった。そうした態度が、大隈の悪い部分を際立たせてしまったのも確かだろう。

大隈の栄光と流転

明治三年（一八七〇）九月、大隈は大蔵大輔兼任のまま参議に昇進する。この入閣は、急進改革路線が大久保らにも受け容れられたことを意味し、廃藩置県が加速していく。だがこの頃から、大隈のやり方に対する閣内での不満も高まり、廃藩置県で大隈が中心となることはなかった。というのも庇護者の木戸が、あまりに急進的な大隈を見限り始めていたからだ。

かくして廃藩置県は成功するが、大隈の関心は次なる課題である条約改正に向いていた。

大隈は海外渡航の経験がない。結局、生涯にわたって海外に行くことはなかったが、明治四年（一八七一）当時は早急に渡航し、欧米諸国の近代化の実態を見聞したいという思いがあった。ちょうどこの頃、幕府が締結した不平等条約による様々な不利益が出始めていた。その改正交渉を大隈は進めようとしていた。だが大隈の思惑通りに事は運ばなかった。条約改正の予備交渉を目的とした使節団の派遣は決定したものの、そのメンバーの中に大隈の名はなかった。木戸だけでなく伊藤や井上とも距離ができ始めていた大隈は、疎外され始めていたのだ。

後年の回想によると、大隈は使節団に選ばれなかったことに失望するというより、さっさと頭を切り替え、留守政府の中心となって様々な改革を断行するつもりになっていたという。つまり自らの孤立を知るや、それを逆手に取って、国内問題を片付けようとしたのだ。

留守政府の中心は西郷隆盛で、大隈が何かを提案すれば「よかど」といった調子なので、大隈はやりたい放題となる。

転んでも起きない点からすれば、「さすが大隈」と言えるが、使節団が帰国してからの軋轢《あつれき》を考えれば、さらなる孤立もあり得る。それを念頭に置いていたのだろうか。

かくして財政・地方制度の統一、外国債処分・紙幣償却、裁判権の独立、兵権の統一と徴兵制度、兵部省改革（陸軍と海軍の二軍制）、教育制度の統一、学制の制定（義務教育制）、四民平等の布告、人身売買禁止、国立銀行条例公布、太陽暦の採用、銭湯での混浴禁止といった近代国家建設のために必要な改革を、大隈は断行する。

佐賀の乱から西南戦争へ

岩倉使節団が帰国すると、案に相違せず政府内は分裂した。明治政府という描きかけの画布に、何の断りもなく続きを描かれた大久保は激怒し、岩倉らと結託して「明治六年の政変」を仕掛け、西郷隆盛、板垣退助、江藤新平、後藤象二郎、副島種臣の五参議に辞表を提出させた。これにより大久保中心の「有司専制」体制が確立された。そこから明治七年の佐賀の乱へと発展していくわけだが、この一連の流れの中で大隈の影は薄い。

この頃から大隈は大久保との距離を縮め、その手足となることも辞さなくなる。このような大隈の変わり身の早さが後に批判されることになるが、実際は政府が分裂し、内乱の予兆が日増しに高まる中、大隈が大久保を支持することで、政府が求心力を保てるという大局的判断が働いたのだ。

今からすれば明治政府は盤石に思えるが、当時は第二の維新が現実問題として議論されるほど混乱しており、誰もがぎりぎりの駆け引きを続けていた。しかも木戸が病によって精彩を欠くようになり、大久保に次ぐ者として大隈への期待は高まっていた。ただし出世レースという点では、明治七年頃を境として、伊藤が大隈を抜き去ったのも事実で、ここから二人は政敵となっていく。そして明治十年（一八七七）、西南戦争が勃発する。だが大隈の立場は微妙で、ほぼ蚊帳の外に置かれていた。というのも西南戦争の最中に木戸が病死することにより、薩長の垣根が取り除かれ、元々気の合う大久保と伊藤ががっちりと手を組み、大隈に活躍する場を与えなかったからだ。

明治十四年の政変と暗殺未遂事件

西南戦争の終結により、大久保の有司専制体制は確立された。しかしその大久保も、翌明治十一年（一八七八）、不平士族の凶刃に倒れ、西郷、大久保、木戸の維新三傑の時代は終わりを告げた。

これにより藩閥政治を維持しながら憲法を制定し、議会を開設しようとする伊藤と、議会制民主主義を早急に導入しようとする大隈の意見が合わなくなり、国会開設の時期をめぐる対立を原因として、明治十四年（一八八一）の政変に至る。

伊藤とて議会制民主主義の導入に反対ではないが、その立場からして、藩閥政治を急速に終わらせるわけにはいかなかったのだ。

だがこの政変は、大隈の見込み違いもあった。大久保や木戸が健在の頃のように、多少うるさくても有能だから外されないという自負心が裏目に出たのだ。というのもこの頃には、明治初期に欧米諸国に留学させていた若手が次々と帰国し、有能という理由での大隈の存在意義は低下していたからだ。

現在の組織社会でも同じようなことは多々ある。有能で自負心が強い人物ほど、若いうちに出世して体制側に回らないと、組織から弾き出されてしまう。私は長いビジネスマン経験を通じて、こうした人を多数見てきた。彼らに共通するのは強い自負心で、それが上司との衝突を生み、組織人としての人生を棒に振ってしまうのだ。かくいう私もそうなので、その不遇感の強さはよく分かる。

下野した大隈は立憲改進党の総理となる。また東京専門学校（のちの早稲田大学）を創設し、かねてから温めていた政府の影響下にない私学による教育に踏み出した。

だが大隈は、野党の政治家や教育者として終わるつもりはなかった。

明治二十一年（一八八八）、大隈は伊藤内閣、続いて黒田内閣に外相として入閣し、再び体制側の一員として辣腕を振るうことになる。しかし条約改正交渉を強引に進めようとして多くの批判を浴び、黒田内閣は崩壊の危機に瀕する。そんな時に起こったのが、大隈の暗殺未遂事件だった。

明治二十二年（一八八九）十月、馬車で外務省を出て官邸に入ろうとしたところ、馬車に爆弾を投げつけられ、大隈は右足を膝上から失う。そうなれば条約改正交渉どころではなく、大隈は辞表を提出せざるを得なかった。

総理大臣へ

再び野党改進党を率いることになった大隈だが、今度は急進的な自由党の後塵を拝すことになり、改進党の議席数を伸ばすことができないでいた。

この頃、日清戦争が勃発し、その戦果として獲得した遼東半島を三国干渉によって取り上げられた政府は、改めて国力を強化しなければならないと痛感していた。

そのため大隈の外交力に期待が集まり、元老たちから入閣の打診があった。だが入閣に否はなくとも、野党を率いる身として入閣条件で合意が得られず、この話は流れてしまう。

このまま大隈も徐々に政局から消え去っていくかと思われたが、明治三十一年（一八九八）、伊藤をはじめとした元老たちによって、天皇から大隈と板垣に組閣の命が下り、日本で初めての政党内閣が誕生した。この時、板垣は大隈に首相の座を譲って内相となったため、大隈が首相兼外相の座に就く。しかし後に隈板《わいはん》内閣と呼ばれるこの体制は、内紛によって成立から四カ月で瓦解し、何ら成果を挙げることができなかった。

その後、十年余を野党として政治活動を行った大隈だったが、明治四十年（一九〇七）、七十歳で早稲田大学の総長に就任し、教育者としての道を歩むと思われた。だが軍部の台頭が著しく、それをいかに抑えていくかに力を注ぎ始める。後半生の目標が見えてきたのだ。

それゆえ、この頃から大隈は全国遊説の旅に出る。大正二年（一九一三）には、十七年ぶり二度目の佐賀への帰郷を果たした。大隈の意気軒高たる演説は、人々を惹きつけ、次第に国民的人気を博していくことになる。

大隈は二度目の組閣を意識し始め、これまで距離を取っていた元老や軍部とも良好な関係を築いていく。そして大正三年（一九一四）四月、大隈は第二次内閣を組閣する。史上最高齢の七十七歳での総理大臣就任だった。

国民が大隈に期待することは、政党内閣を本格的に定着させてほしいという点、薩長藩閥による腐敗や情実を絶つこと、さらに外交面では、大隈がかねてから唱えていた中国から搾取するのではなく、近代化を促していく方針、すなわち「中国保全論」を実践してほしいというものだった。大隈はイギリス風の政党政治を確立し、薩長藩閥の利権一掃を掲げ、それらの改革を「大正維新」とした。

だが内閣発足早々に第一次世界大戦が勃発する。大隈はこれを列強と肩を並べるチャンスと捉え、イギリス側として参戦を決意する。これまで大隈の政敵となっていた山縣有朋《やまがたありとも》ら軍部の庇護者たちも、これには賛意を示した。もちろん大隈は戦争が好きではない。その真意は、世界の平和秩序構築に貢献して日本の地位を高めると同時に、列強が欧州で戦争に明け暮れている間に、日本の助けによって中国に経済的独立を促すことにあった。

この戦争で、日本海軍はドイツ領南洋諸島を占領、陸軍は十一月に山東省の青島《チンタオ》を陥落させ、山東半島を支配下に置いた。この手際よい勝利が、大隈人気に拍車を掛けたのは言うまでもない。これにより大正四年の総選挙に大勝した大隈は、盤石の体制を築いた。

その後、「対華二十一カ条」の要求で、外相の加藤高明に外交上の不手際はあったものの、大隈の政権運営は手堅く、すべては順調に推移していくかに見えた。

ただし元老や陸海軍を無視し、矢継ぎ早に自分の政策を実現させていく大隈への反発は強まっていた。この時点では、薩長藩閥から軍閥へと成長した陸海軍を抑えきることは困難だった。そんなことから山縣との関係が悪化し、大隈の構想する後継内閣が流産することで、大正五年（一九一六）に大隈は辞表を提出し、第二次大隈内閣は終幕を迎える。

第二次大隈政権は二年半という期間となり、外交面でも財政面でも実績は上々だった。だが誰にも晩年は訪れる。「健全な二大政党による政治運営」というイギリスの立憲主義に倣った体制を日本でも定着させるべく奔走してきた大隈だったが、首相を退いた後の政界への影響力の低下はいかんともし難く、政治の世界と距離を取らざるを得なかった。

そのため大隈の究極の理想である「東西文明の調和による平和」という目標に邁進すべく、活動の場を大日本文明協会と雑誌「大観」に求めるようになる。

しかしそんな大隈にも落日は訪れる。大正十一年（一九二二）一月十日、大隈は永眠する。享年は八十五だった。

大隈の経営力

政治家に毀誉褒貶《きよほうへん》は付き物だが、大隈ほどそれが付きまとった人物はいない。その原因は様々だが、常に急進的だったことが最大の要因に挙げられるだろう。人は変化を嫌う生き物だ。だが大隈は有無を言わさず変化を促す。それゆえ人から嫌われるのは当然だった。とくに様々な利権を持つ薩長藩閥にとって、大隈は目障りな存在だったに違いない。

だが大隈には一貫した目標があった。それが「近代化の促進」、「藩閥政治の打破」、「議会制民主主義と立憲主義の導入」などで、それらが実現されてからの後半生から晩年にかけては、「民主主義の定着」「軍部の暴走阻止」「人材育成＝学校の創設」を目標に掲げた。「軍部の暴走阻止」だけは年齢的に無理だったので、原敬ら後任に託さねばならなかったが、その他の目標は、ほぼ達成できたと言ってもよいだろう。

かくして大隈は自らの能力を使い切り、動乱の時代を駆け抜けていった。おそらくその生涯に悔いはなかっただろう。

維新三傑のようにビジョンだけ示し、その実現に至るロードマップが描けない者たちとは違い、大隈は実務にも強かった。経営力の根幹は率先垂範にある。自ら計画を練り、自ら率先して実践していく姿勢こそ、経営者には大切なことだと思う。

最後に大隈の経営力を検証してみたい。

これまで見てきたように、企画構想力、志の高さ、先見の明、決断力／行動力、功績はほぼ満点で、リーダーシップと組織力も立憲改進党を牽引したことで実証した。

唯一、明治天皇、西郷、大久保らに嫌われたことで、人間力では劣るものがあるかと思ったが、その晩年、国民からの絶大な支持があったのは事実で、ここでも悪い点をつけようがない。

大隈は、高いレベルでバランスの取れた理想的な経営力を保持していたと言えるだろう。

大隈重信の経営力

評価チャート

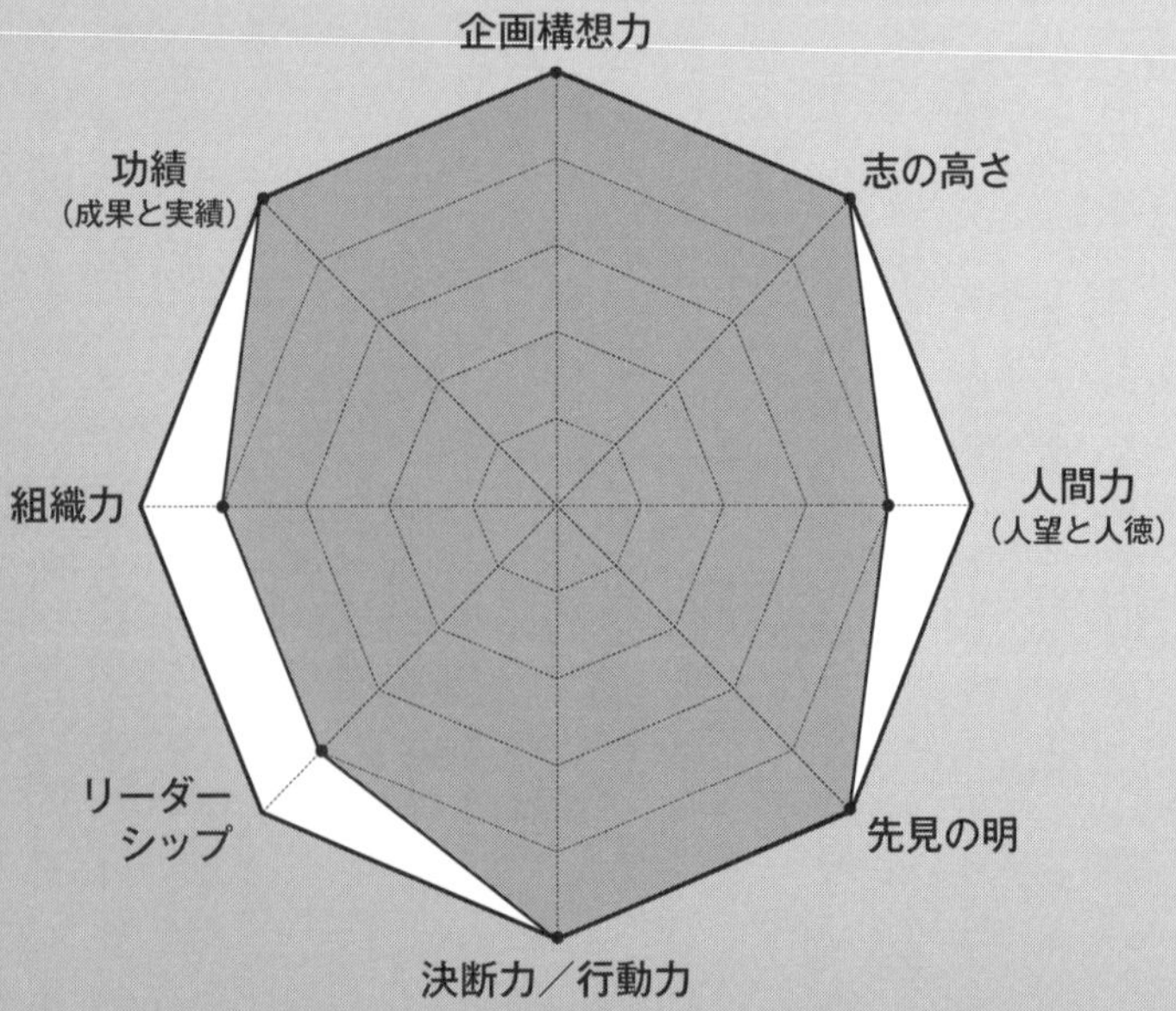

総合評点

37点
／40

※各評価項目を5点満点として
全評点を合算（40点満点）

おわりに

さて、歴史上に名を残した英雄や傑物を経営力という観点から検証するという本書の試みは、いかがだっただろうか。

最後に十二人のランキングをつけてみたいと思う。

1. 大隈重信
2. 徳川家康
2. 荻原重秀
4. 日野富子
5. 蘇我馬子
5. 織田信長
7. 平清盛
8. 源頼朝
8. 大久保利通
10. 豊臣秀吉

10. 田沼意次
12. 白河上皇

こうして見ると、上位者は過大評価されていて、下位者は過小評価されていると思われがちだが、そもそもこの十二人は、その経営力によって日本を変革させた人々なのだ。全員がトップクラスなので、順位をつけるのは本意ではないが、個々の事績をサマライズし、正当な評価を下すためにも順位をつけてみた。

経営力の評価基準は以下になる。

・企画構想力
・志の高さ
・人間力（人望と人徳）
・先見の明
・決断力／行動力
・リーダーシップ
・組織力
・功績（成果と実績）

12位の白河上皇は院政という画期的なシステムを築き、天皇家の権力と財力を頂点に押し上げた功績は大きい。だがその目的は独善的なもので、天下国家のためではない。その点では経営力には優れていても、評価を下げざるを得ない。

10位の豊臣秀吉は人間力では最高得点だが、企画構想面では信長の構想を形ばかりに踏襲したものが多く、当初から政権トップとして限界を露呈していた。また贅を尽くした建築物を造ることには熱心だが、治水や新田開発には関心がなく、私利私欲のために天下を取ったとしか思えないのもマイナスだ。またその晩年、文禄・慶長の役によって国内外に多大な損害を与えた一事を取ってみても、とても経営力があったとは思えない。とは言うものの、戦国時代を終わらせ、天下を静謐《せいひつ》に導いたことは確かで、それだけでも評価しないわけにはいかない。

同じく10位の田沼意次は典型的な「残念な人」で、息子が殺されて周囲から見放されたのはもちろんだが、権力を握ってからやろうとしていたことが、どれもこれも運に見放されたかのように成果が出せなかった。幕府の財政を持ち直させた点は評価できるが、優秀な官僚の域を出ていなかったように思う。

8位の源頼朝は人間的魅力に乏しいとはいうものの、武士の府を作ったという歴史的偉業は何よりも評価できる。頼朝は武士の府の象徴として君臨し、京都から政治のスペシャリストを招聘して政権の中枢に据え、幕府創建に功のあった武辺者たちを政権から遠ざけた手腕は見事としか言えない。

同じく8位の大久保利通は大政治家には違いないが、彼の考える国家像が具体性を持って浮かび上がってこないのだ。急速な近代化には及び腰で、民権よりも国権強化に走ろうと有司専制体制を敷いた点からも、その強引さがうかがえるが、国家のリーダーとして適性があったとは思えない。西郷は革命家で大久保は政治家としばしば言われるが、実は大久保も革命家だったのではないか。明治維新を成し遂げた中心人物の一人とは言うものの、極めて評価の難しい人物だと思う。

7位の平清盛は、日宋貿易によって日本を富ませ、貨幣経済を軌道に乗せようとした志の高さや構想力は評価されてよい。だが自らと平家一門を従来の公家社会に溶け込ませようとした点で、革新的とは言えない。とくに晩年は独裁色を濃くし、治承三年の政変や福原遷都によって公家社会からも弾き出されたのは、大きな失敗だった。

5位の蘇我馬子は、日本を仏教によって国家という形あるものにしたということで、その企画構想力、志の高さ、そして功績には申し分がない。ただ物部守屋を滅亡に追い込み、崇峻天皇を暗殺し、晩年には厩戸王子と推古大王とも冷めた関係になったことから、手放しでその経営力を称賛するわけにはいかない。

同じく5位の織田信長は、旧態依然としたものを打破し、新たな時代を築こうとした改革者だったことは間違いない。ただその成果を見る前に本能寺の変で倒れたことで、評価を下げざるを得ない。つまり本能寺の変までで見ると、常の戦国大名と変わらず、私利私欲の域を出ていないのだ。信長が国家ビジョンや高い志を持っていたとしても、それが日の目を見なかったのだから、この順位は仕方がないだろう。

4位の日野富子は「日本三大悪女」の一人に数えられるが、当時の記録を紐解けば、京都を戦乱から救った女傑として評価されていた。戦乱をやめさせるために銭の力を使うという驚天動地の策を編み出し、それを実行して成果を挙げたのだから、評価が高いのは当たり前だろう。

2位の徳川家康は世を静謐に導いたというだけでも、国家への貢献が大きい。だが一戦国大名としての期間が長かったので、天下国家のために働けたのは、江戸幕府創設から死去までの十三年だったという点で、2位にせざるを得ない。

同じく2位の荻原重秀は、その企画構想力、先見の明、決断力／行動力、功績と、経営力の評価要素の多くを高く評価できる。ただ書き残したものが何もないことから、その人間力、リーダーシップ、組織力は不明瞭だが、彼の施策は多くの配下を動かさなければできないことばかりなので、人格と人望を兼ね備えた人物だったと推測できる。

1位の大隈重信は、まさに「近代化の父」と言ってもよいだろう。あの時代の日本に大隈が生まれてくれたことが、日本にとって僥倖だった。こうして書くと、必ず「そこまでではないだろう」「伊東は早稲田大学の出身だからだ」と思う人がいる。では聞くが、自らのビジョンを実行計画まで落とし込み、達成までのロードマップを描いて、予算編成から借金返済計画まで立てられるリーダーがどれほどいるだろうか。おたくの会社の社長は、そこまでやっていないだろう。もちろん小さな会社のことを言っているのではない。日本という大会社において、それを自ら率先してやり遂げたところが凄いのだ。残念なのは、藩閥と軍閥という抵抗勢力と常に戦いながらだったので、持てる力を十分に発揮できなかったことだ。大隈が長らく首相の座に座ることができたら、日本の近代化は十年早まり、軍部の台頭も抑えられたに違いない。

また忘れてはならないのが、思想的バックボーンとしての福沢諭吉とスポンサーとしての岩崎弥太郎の存在だ。そういう意味で、経営力の第一位はこの三人ということで、本書の締めとさせていただく。

巻末特別対談

「英雄に学ぶビジネスの知恵」

佐々木紀彦（PIVOT株式会社CEO）

伊東 潤

歴史をビジネスに生かす力

伊東　「英雄たちの経営力」は、佐々木さんがCEOを務めておられるWebメディア「PIVOT《ピボット》」の連載に加筆修正を加えてまとめたものですが、今回、若い視聴者や読者の反応はいかがでしたか。

佐々木　歴史からビジネスの教訓を導き出すというテーマ性もあり、多くの経営者の方を中心に刺さっていた印象ですね。昔は「プレジデント」のようなビジネス誌が典型的でしたが、私自身を振り返っても、今改めてそういうものを求める声、潜在的な需要はやはり高いなと感じました。

伊東　歴史関連の本を読んでも、ほとんどの方は「なるほど」で終わってしまいます。そこで重要なのは、そこからの換骨奪胎力、〝ピボット力〟です。つまり歴史上の人物の成功や失敗から得られた教訓を自分事に変換できるかどうかが、未来を生きる鍵になってくると思います。

佐々木　そうですよね。そこは堺屋太一《さかいやたいち》さんもうまかったですよね。彼の書いた『組織の盛衰』が決定版になって昨年（二〇二二年・中公文庫）刊行されましたが、周りの起業家でも読んでいる方が結構いました。家康の組織の作り方とかを通して、スタートアップも組織作りが一番大事と学んだりとか……。

伊東　『組織の盛衰』は若い頃に読みました。当時としては数少ない歴史と組織論を結び付けた読み物でした。でもその頃、こうした読み物はあまりありませんでした。あれだけ一世を風靡した「プレジデント」誌も、司馬遼太郎先生も、やはり組織論やマネジメント論というより人生訓でした。僕は外資系企業にトータルで22年間在籍していましたが、欧米諸国のエリートたちは、自国のみならず世界史をしっかりと学び、自分事にピボットしていた気がします。

佐々木　アメリカに留学していた時に感じたことですが、国際政治など政治系の学問は歴史をしっかり学ぶんですね。この国の歴史からこういう法則が導き出されるとか、全部歴史に紐付ける学び方だったのですが、ビジネスの場合は、時代とともに中身がどんどん変わってしまい、過去が参考にならないと思い込みすぎているように感じています。テクノロジーの変化で変わる部分もありますが、本当は変わらない部分も大いにありますよね。最近もチャットGPTが出現すると、多くの人がそれでビジネスが全て変わると考えてしまうのですが、実はそのような思い込みが罠になってるのかなという気がします。

伊東　「過去の状況と自分が今置かれた状況は違う」というやつですね。とくにネットの出現から、その傾向が強くなり、日本人は歴史から学ばなくなりました。ＡＩが浸透すれば、その傾向はさらに強くなるでしょう。ところが人の置かれた状況など、実はたいして変わらないものです。例えば関ヶ原の戦いで、徳川家康は、全ての問題にコンティンジェンシー・プラン（危機の際に被害を最小限に抑える計画）やフェイル・セーフ（不測の事態が起きた時に被害を最小限に抑える仕組み）を考えていました。家康が江戸からなかなか動かなかったのは、最悪のケースを考えていたからです。逆に石田三成たちは全ての戦略や戦術を希望的観測で構築してしまう。「福島正則は秀吉様に御恩があるから必ず味方になる」「岐阜城は難攻不落の名城だから、簡単には落ちない」「小早川秀秋は秀吉様と縁続きだから絶対に裏切らない」「秀頼様は大坂城から必ず出陣する」といった仮説を信じてしまう。すなわち希望的観測の上に希望的観測を積み上げていくのです。結局勝ったのは、全てにおいて希望的観測を排除していった家康です。これは一例ですが、現代にも通じる教訓になっていると思います。

佐々木　確率論でいえば、悪い確率の方をベースにして対策を考え、積み上げていくと負けない戦いになると。勝つよりも負けないことが大事ということですね。

伊東　その通りです。「負けないためにはどうしたらよいか」を考えたのが家康で、「勝つためにはどうしたらよいか」を考えたのが三成たちです。その差によって、家康は天下を取り、二百六十年余も続く政権を打ち立てたと言っても過言ではありません。スタートアップの資金調達などでも、「この人は絶対に資金を融通してくれる」とか、「融資の審査は必ず通る」という希望的観測で進めていたら、突然梯子《はしご》を外されたりすることがありますね。なぜ外されるのかといえば、事業の構想が希望的観測だけで作り上げられているからです。確実な調達先ほど悲観的なプランも見せ、コンティンジェンシー・プランを提示せねばならないのに、「バラ色の構想」を提出してしまうのが人なんです。

佐々木　最近Zホールディングス会長の川邊《かわべ》健太郎《けんたろう》さんに、孫正義《そんまさよし》さんの凄さはどこかと聞いた時に、孫さんは売り上げ目標をどんどん上げていくイメージですが、実は最初は全部コストから入るそうなんです。売上高はやってみないとわからないですが、コストは自分でコントロールできる要素じゃないですか。だから孫さんが長い目で見て、全然負けていない、負けることがあっても大負けしないのは、損失やコストから考えるからなんだなあ、という家康と似た教訓を感じました。

伊東　さすが孫さんです。孫さんには、金計算が誰よりも早いという伝説もありますね。

佐々木　伊東さんも書かれていましたが、歴史上のリーダーには理系脳が多い。やはり数字に徹底的に強いというのは、最悪のケースも含めて、希望的観測でなく、ちゃんとシミュレーションできているということですよね。

伊東　数字に強いというのは、戦国時代でも大変な強みです。家康の話を続けると、家康は豊臣家には経済面で対抗できないと分かっていて、関東に移封されたのを幸いに、利根《とね》川の東遷事業をするわけです。それまで坂東太郎と呼ばれるほど暴れ川だった利根川が関東を北西から南東に断ち切るように江戸湾に注いでいたため、増水すれば交通は遮断され、低地は耕作放棄されて耕地にならず、日本一広い関東平野を生かしきれていませんでした。それを家康は江戸湾から銚子《ちょうし》に注ぐように、利根川を付け替えようとしたのです。この大事業の完成は後の将軍たちに委ねられるので、家康存命の頃に新田がどれだけ生み出せたかは不明ですが、それでも時間をかけてでも、経済面で豊臣家に勝とうとする考え方が素晴らしい。戦国時代は勇壮な合戦シーンばかり目立ちますが、本当の戦いは金計算なんです。

グローバル時代に参考にすべき英雄

佐々木　本書は、国内の歴史を中心にお書きになっていましたが、今の企業が大変なのは、競争がグローバルになっていることが大きな要因なのではと。日本の歴史はグローバルな争いや戦いの経験をあまり積んではいないので、世界からどんどんライバルがやって来る現代は、やはりこれまでとは違うのかなと。そのあたりどういう風に考えていけばいいでしょう。

伊東　古墳時代には、朝鮮半島で日本（当時は大和国）は百済《くだら》と組んで新羅《しらぎ》や高句麗《こうくり》と戦っています。中国では隋から唐に政権が移り、大陸からの外圧が強まったので、推古大王と蘇我馬子は半島や大陸を意識して国家の骨格を造ってきました。そういった意味でいうと、当時の方が、グローバル競争は激しかったんです。幕末も同様で、欧米の強い外圧の中、日本という国をどういう体制にしたらよいかと、諸藩の有志が考えていったわけです。日本人はグローバルな戦いの経験が少ないようですが、実は歴史上、何度かグローバルな戦いの洗礼を受けたことがあるのです。

佐々木　問題の本質は昔も今も変わっていないし、グローバル化の時代に参照できる英雄や歴史上の例は十分知恵としてある、ということですね。今日本を良くしたい、変えたいと思う、この本を読んでくださる若いビジネスパーソンや経営者が、今どの時代を参照すると、一番良いでしょう。

伊東　やはり幕末から明治維新です。外圧によって新しい国家を作っていかなければならない時に、西郷隆盛、大久保利通、木戸孝允といったビジョンを構築する人と、江藤新平、大隈重信、伊藤博文といった実務の得意な人がいて、新体制が構築されていったわけです。たとえ偶然の要素もあろうと、適材適所が奇跡的に成り立ち、日本は欧米に倣った近代国家になっていったのです。これからの時代は、それを意識的にやらねばならないのですが、政治の世界では、いまだ派閥の論理や貸し借りで人事が決まり、女性の進出もうまくいっているとは言えません。せめてビジネスの世界だけでも、適材適所を心がけてほしいですね。

佐々木　これからの時代を語る時に、私も明治維新の例をよく参考にさせていただくのですが、明治維新をアナロジーにして、それに匹敵する人が生まれるようにするためには、またそこから成長するには何をすればいいのかを考えることがあります。人物の格が全然違うとか、時代が違うとも言いますが、明治維新と同じような危機にある今、維新の成功をもう一回再現するには、何を学んでいけばいいのかなと思うんです。すごく大きい質問で恐縮ですが、今の経営者は時代の英雄から何を教訓として学ぶべきでしょう。

伊東　明治維新の元勲の一人である大久保利通は、他藩の伊藤博文、広沢真臣《ひろさわまさおみ》、大隈重信、副島種臣、江藤新平らを政権の中枢に招き入れます。彼らは維新回天にさほど功がなかったのですが、能力を優先したのです。また多くの若者を留学させ、欧米の先進技術などを学ばせます。

つまり育成です。スタートアップで成功した経営者は、すぐに育成に力を注ぐべきです。もちろん会社を去るリスクは承知の上です。優秀な人材は快く出ていかせてあげれば、いつか外部から恩返ししてくれます。

佐々木　幕末、明治にかかわらず、全時代を通じてこの人を深掘りして学んだ方がいいよという英雄は、やはり大隈ですか。

伊東　大隈重信は、現代を生きる人々にもかなりしっくりくる偉人ではないでしょうか。というのも大隈はビジョンをしっかり描き、それを事業計画に落とし、資金の調達もできるからです。つまり政府が鉄道の敷設などの大規模事業に取り組もうとなった時、しっかりしたロードマップが描けるのは、明治初期には大隈しかいなかったのです。しかも英語で交渉できるので、借款という形で外国から資金調達もできる。マルチな才能を持った政治家でした。自分の手が回らない部分、つまり活動資金の援助は三菱の創始者の岩崎弥太郎《いわさきやたろう》に、学問的裏付けやビジョンを打ち立てるのは福沢諭吉に委託し、三位一体となって薩長藩閥に対抗していったわけです。

佐々木　福沢は思想はあり、起業もしましたが、政治に関しては政権には入らなかった。大隈は総理大臣にまでなって、政治、その政体まで変えていった。そこは彼の突出したところですよね。

伊東　大隈は自らプレーヤーだったということです。大風呂敷を広げられる政治家であり、実行計画を自分で組み上げられる実務家でもあったという点で、僕は大隈を評価するんです。大久保利通は次の十年計画、三十年計画と、そういう国家構想を持っていました。しかし実務はできなかった。それは西郷隆盛や木戸孝允も同様です。明治政府では木戸があまり機能していませんでした。それはなぜだったかというと、木戸は大久保と政治家としての傾向が似てるんですよね。つまりコンプレメンタリー（補完し合う）な関係ができていない。逆に大隈は実務能力が高く、大久保たちにとっては便利な存在でした。

佐々木　似たキャラクターではなく、新しい時代の、専門知識やキャラクターを持った人を登用してチームを作る力。それが正しく問われているということですね。それは、今できつつあるんでしょうか。

伊東　組織で生きるなら、自分のスペシャリティや得意分野は何なのか、将来何をしたいのかを含めたキャリア・プランをしっかり作り、人事担当者としっかり話し合うことが大事です。人事担当者も人材の適性をしっかり見極め、最大限の力が発揮できるような仕事を与える。または適性を見極めた育て方をしていくことが重要だと思います。

組織の中で変えるか、外で変えるか

佐々木　もう一つ、幕末のアナロジーで例えると、大企業はある種江戸幕府みたいだなと。そこは年功序列制度なので、若い人が成功するチャンスがあまりなかった。しかし、幕末は若い人が脱藩したり、新しく活躍できる場を作ったり、地方からも変える動きが出てきました。現代もそれと同じ流れになるのか、またちょっと違うのか。今若い人とかと話すと、二分論になるんですね。大企業は影響力が大きいので、その中で社内起業したり新規事業を起こして、大企業の中から変えていく（イントレプレナー）派、これは勝海舟のようなやり方です。一方で、大企業、政治の世界でいえば自民党はもう駄目だから外に出て起業する、スタートアップで働くとか、地方の政治にチャレンジする人（アントレプレナー）かなと思うんですね。日本で物事を変えるためにどのルートが王道なのか、大事なのかと。

伊東　佐々木さんもご著書の『起業のすすめ　さよなら、サラリーマン』（文藝春秋刊）で書かれていましたが、アントレプレナー型の典型は坂本龍馬です。彼はさっさと脱藩して起業しますが、逆に同じ土佐藩の後藤象二郎は、イントレプレナーとして土佐藩を動かしていくことを選択します。一方、薩摩藩の西郷や寺田屋事件で討ち取られた面々はアントレプレナー、大久保利通や高崎正風《たかさきまさかぜ》はイントレプレナーです。また長州藩はアントレプレナーが多く、その逆に佐賀藩は全員がイントレプレナーです。こうして見ていくと、維新というのは双方がうまくかみ合って、成し遂げられたわけです。これからの日本も、双方が互いに協力し合いながら発展させていくのではないかと思います。その典型例こそ岩崎弥太郎が興した三菱でしょう。岩崎は坂本の海援隊から商売を学び、土佐藩の残した九十九《つくも》商会を引き継いで、三菱という一大企業グループに育て上げました。まさにアントレプレナーとイントレプレナーから生まれた大組織が三菱グループなのです。

佐々木　岩崎弥太郎は、旧勢力とも仲良くしながら、新勢力が作った秩序の中でうまく商売も獲得していったのですね。渋沢栄一は旧幕府の役人で新政府でも大蔵省に勤めながら一念発起して外に出て、起業家としても成功していきますね。これからの時代、渋沢栄一的生き方は参考になるのでしょうか。

伊東　もちろんです。ただし組織から出るタイミングが大切です。早く出すぎても人間関係を構築できていなかったり、その会社のレガシーを身に着けられなかったりしますし、遅すぎると、上下から頼りにされて出られなくなってしまうこともあります。それが〝しがらみ〟です。私の知人にも、複雑な〝しがらみ〟に絡め取られて出られなくなった人がいます。

佐々木　飛び出すタイミングは大事ですね。歴史から見えてくる、挑戦すべきタイミングはどこでしょう。今、政府がスタートアップ支援を始めています。タイミングとしてはチャレンジする機が熟したといっていいのでしょうか。

伊東　ようやく政府がスタートアップへの支援に本腰を入れ始めた今こそ、起業するには好機です。ただし焦りは禁物です。自分を冷静に見極め、会社を休職して自費で留学し、海外でMBA（経営学修士）を取るのも手です。残念ながら私は留学できませんでしたが、外資系企業に22年もいたので、外国人の知己が多くいました。彼らによると、欧米の経営大学院（ビジネススクール）で学べるものは多大で、それからの人生に役立つことばかりだと言います。そんな話を聞くと、人生をやり直したいくらいです（笑）。それでも留学などせず、すぐにチャレンジしたいという人は、どんどん起業すべきです。ただし大企業に残り、大きな組織を動かしていくというのもビジネスマンの醍醐味です。FRB元議長のグリーンスパン氏の話によれば、議長の年収は全然おいしくないらしいんです（笑）。年収3億や4億でヘッドハンティングしてくれる企業もざらにあったようですが、FRBの議長ほどスケールが大きくて面白い仕事はないので、やめられなかったと言っています。

佐々木　私の地元の北九州に最近行ってきたんですが、北九州の新市長が外資系コンサルティング会社出身の方で、初めて北九州でスタートアップイベントを開催したんです。市長は収入は別に高くないじゃないですか。でも結構権限があったりして、世の中も変えられますよね。国会議員は、江戸幕府の家士みたいな立ち位置なので、頑張っても個人ではなかなか世の中を変えられないじゃないですか。そういう意味では、自治体のトップになるというのは、今後の起業的な生き方ですね。東京でも区長さんが今どんどん若くなってきたり、女性が出てきたりしているので、小さい行政単位から変わっていった方が結果として大きいうねりになるかもしれません。日本の歴史を見ても、ボトムアップ的な、地域からの改革の方が変わりやすいですね。

伊東　自分の管理する特定地域を好きに動かせるという意味では、江戸時代の大名も面白かったでしょうね。幕末の佐賀藩には、蘭癖大名と呼ばれた藩主・鍋島閑叟《なべしまかんそう》がいました。彼はオランダなどの海外の技術を学び、自分で反射炉を造り、鉄製の大砲や蒸気機関を製造しました。

それを幕府や他藩に売って稼いでいました。薩摩藩主の島津《しまづ》斉彬《なりあきら》も同じですね。そういった意味で、江戸時代の藩主というのは、地方自治体の長と同じような感覚ですね。一概に起業と言いますが多様です。これからは自治体の長としての経験を生かし、地域の活性化のために起業する人も出てくるでしょうね。そうした意味では、リスクを取らずに成功する方法もあります。僕の学生時代の友人は、大企業に勤めながらＩＰＯ（新規株式公開）する企業が増えると見込み、ファイナンシャル・プランナーの資格を取り、数社を上場させました。彼は副業のような形で始め、その後でスピンアウトし、今では億万長者です。リスクを取らずに成功する典型例ですね。

佐々木　副業起業は、一番リスクがない手段かもしれませんね。最近でもYouTube〈日経テレ東大学〉を作った高橋弘樹さんという元テレビ東京のプロデューサーが、サイバーエージェントの社員として働きながら、週末やアフターファイブは、自分の会社でYouTubeチャンネルを運営して、すごい勢いで登録者数が伸びたそうです。そのような起業はリスクが低く、チャレンジしやすくなっているかもしれません。今の時代、若くしてもいろいろ挑戦できる場所はあるので、そこをうまく見つけて、タイミングがいい時にチャレンジしていくのが、歴史からの教訓ですね。

番頭役とお目付け役

佐々木　経営者が意思決定で参考にすべき時代はいつの時代でしょうか。

伊東　優秀な人材を集め、適材適所に配置していくという鎌倉幕府が良い見本ですね。頼朝は鎌倉幕府を開府したものの、周囲にいるのは坂東武者ばかりで、字も読めない者さえいました。これでは政治など行えません。それで京都でくすぶっている下級公家を招聘し、政治を担当させました。大江広元《おおえのひろもと》、三善康信《みよしやすのぶ》、中原親能《なかはらちかよし》らですね。これが大当たりし、鎌倉幕府は武士の世を作り上げることに成功します。その一方、豊臣秀吉は五大老に外様大名を据えて政治を担当させるという方法を取りました。しかし彼らは自ら領国を拡大してきた者たちで、互いに利害も反します。それゆえ秀吉の死後、互いにいがみ合い、ぶつかり合うのは必然でした。秀吉は室町幕府の体制に倣ったのでしょうが、室町幕府はそれで勢力を弱めていったわけで、そこから全く学んでいませんね。

佐々木　集団合議制でも頼朝という責任を取る明確なトップはいますね。

伊東　その通りです。頼朝は冷徹で厳しい反面、朝廷外交などでは矢面に立ち、武士たちの代表たる責任感がありました。

佐々木　本書でも書かれていますが、若いリーダーには自分の年齢に近い人が番頭役でいると、お互い言いたいことが言える。あとは、お目付け役のような社外取締役が必要ということで、その二つぐらいいるといいでしょうか。

伊東　豊臣政権の場合、石田三成ら奉行衆が育ってくるまで、番頭役として弟の秀長、社外取締役として千利休という人に依存する体制を取ります。しかし秀長の病死が早すぎたのと、秀吉の独善性が強まったことで利休を殺してしまうことで迷走を始めます。しかも奉行衆が政権を掌握する前に秀吉が死去したため、家康に乗っ取られるような形で天下を明け渡すことになります。一方、家康には徳川四天王がいました。十五歳上の酒井忠次、五歳下の榊原康政、六歳下の本多忠勝、十八歳下の井伊直政と、年齢的にバランスの取れた側近構成になっています。また社外取締役的な立場として、宗教界の金地院崇伝と南光坊天海、学術界の林羅山、諸外国との交渉役のウィリアム・アダムスとヤン・ヨーステンといった人材がいました。まさに適材適所の完璧な布陣ですね。こうしたバランスの良い人材配置が、政権を長続きさせた一因だと思います。

佐々木　ただ、仲が悪すぎるとチームプレーができなくないでしょうか。

伊東　たとえ仲が悪くても仕事となると別です。私は外資系企業に長く勤めていましたが、たとえ個人的関係は悪くても、互いに利害が一致すれば力を合わせて難局を乗り越えることができます。それがプロというものです。ただし感情的な人がチームにいる場合だけは無理ですね。感情的な人は絶対に自分の非を認めないし、歩み寄らないし、厄介なことこの上ないです。

佐々木　明治維新の時代に、徳川家康的な素養を持って、嫌いな人をうまくチームに引き込むのがうまかった人物は誰でしょう。
伊東　西郷隆盛ですね。ただ黙ってそこにいるだけで、その人徳を慕って自然に人が集まってくる感じですね。西郷の魅力は不思議です。逆に大久保は不器用なことでは西郷に引けを取らないのですが、他人を震え上がらせることで配下を従えました。二人は全く正反対なのですが、それが最後に相容れなくなってしまうのも皮肉なものです。
佐々木　自分にないものを持っているから嫌いだったんですか。
伊東　西郷と大久保は、若い頃は十分に話し合う時間があったので、誤解も解けたのですが、互いに偉くなってからは語り合う時間もなく、疑心暗鬼が渦巻き、ああした結末を迎えてしまうわけです。大久保には、何もしなくても人に慕われる西郷に対する男の嫉妬があったのかもしれません。
佐々木　自分にない能力を持ってる人と組めば、最高のチームになりますが、どうしても人間は好き嫌いがあるじゃないですか。嫌いな人でも、自分と違う能力があり、ビジョン達成のために役立つと思った人は、ちゃんと包容していくべきなのか、もしくは自分で嫉妬を抑えられるぐらい人間力を磨くべきなのか、本当にうまく馬が合わない人とはどこかで決裂するので、そもそも組まない方がいいのか、ライバルになりうる敵は叩き潰した方がいいのか、英雄のあり方として嫉妬との付き合い方は、どちらがいいんでしょう。
伊東　嫉妬という感情は誰でも抱くものです。しかし互いに利害とベクトルが一致していれば、個人的感情など些細なことです。そのくらい割り切っていないと、仕事などできませんよ。

ビジネスの信用を得るための条件

佐々木　今日本でスタートアップや、新しい勢力、改革したい人が信用を得るためには何が大事でしょう。

伊東　何はなくても自分の名を高めておくことです。大企業の中にいても仕事で実績を挙げ続ければ、社外で評判になります。その積み上げが自然に自分を押し上げてくれます。ただし時には妥協も必要です。何でもかんでも自分の意見を通そうとせず、自分のカウンターパートの立場を重んじ、その意見を取り入れていくことも重要です。

佐々木　そういうのが嫌で、ずっと尖り続けると、日本の社会で信用を得るのは困難ですね。

伊東　日本に限らず海外でもそうですね。結局、唯我独尊な人は孤立し、協力者がいなくなります。今の日本で独裁者的な経営者の名を挙げよと言われれば、少なくとも五人は挙げられますが（笑）、彼らもスタートアップの頃は、大企業と手を組んだり、銀行に頭を下げて金を借りたりしています。何事も頭を下げて耐え忍び、後で見返してやればよいのです。例えば明治維新では、維新三傑をはじめとした志士出身者たちは、皇族や大名を上にいただきつつ、自分はその下風に甘んじています。自分がすべて取り仕切っているにもかかわらず、名前だけ皇族や大名を上にいただくわけです。しかし明治も五年頃になると、いつの間にか名前だけの人は消えています。
佐々木　象徴としての旧勢力の威信、権威を立てつつ、自分たちが政権をとり、それを徐々に実質的なリーダーに代えていくと。スタートアップに際して、明治政府における皇族、公家のような信用を得られる存在は大企業、官僚ですかね。
伊東　そういう人たちと手を組むことも選択肢の一つです。エンジェル・ファンドから資金を借りるためには、事業計画も大事ですが、そういう人たちから、どうすれば信用を得られるかを考えることも大事です。
佐々木　日本において若い起業家が信用を積み重ねるために、歴史から学べる教訓ってどういうところでしょう。なかなか日本は信用してくれない社会でもありますね。
伊東　どんな世界にも共通していることですが、地道に実績を積み上げるしかないですね。実績こそ信用を得るための最重要要件です。それから注意せねばならないのは〝見た目〟です。これが意外に大切で、大切な場では背広を着るのは必須ですね。千利休が歴史に登場したのは六十歳の時ですが、なぜか秀吉に信用され、豊臣政権のフィクサー的地位を築きます。利休は七十歳で切腹させられますが、晩年の十年の活躍には、桃山文化を一人で築いたと言っても過言ではないほどのものがありました。実は、利休が誰からも信用された理由の一つに、茶人としての立場はもとより、落ち着いた立ち居振る舞いや、その醸し出す雰囲気にありました。彼はそれを演出していた節もあります。意外に信用というのは、そんなところから生まれるものです。

佐々木　外見や見映えが信用になる面もありますが、日本における英雄は金持ちであることを誇示したり贅沢をしすぎると、嫉妬を買うし信用されないようにも感じます。経営力の一番身近なものは自分の家計ですが、経営者がお金とどう付き合うかは大変難しい。西郷隆盛のように素朴に暮らすのがいいんでしょうか。

伊東　日本人は〝清貧〟を好みますから、ある程度は質素な暮らしぶりが大切です。いくら金が入っても、起業家は銀座で豪遊するのだけは避けるべきです。夜の街の噂はすぐに広がります。私のような文士にとっては、それも芸の道かもしれませんが、株主や出資者がいる起業家や経営者はやめた方が良いと思います。ちなみに私は、そうした店に全く行きません（笑）。

佐々木　ちなみに大久保も死んだ時には借金だらけで贅沢はしていなかったんですよね。

伊東　実はそうなんですよ。金儲けなどに興味がなかったというか、仕事人間だったのでしょうね。金に無頓着なのも薩摩隼人の特徴です。

「老害」を最小限に抑えるには

佐々木　これだけ寿命が延びた世の中は世界の歴史でも初めてなわけですが、上の世代の権力者が、あらゆる国、地域でいるわけじゃないですか。その人たちに抹殺されずに自分が名を上げたり、いい時代にしていく、そのための教訓は歴史上どこにあるんでしょう。

伊東　やはり明治維新でしょうね。明治の元勲たちは、それまで主君だった大名や門閥家老たち、また朝廷に巣くう廷臣たちをうまくおだてながら高い地位に就けましたが、実権を離さず、徐々に高い地位から下ろしていきました。そして廃藩置県を断行し、守旧勢力を一掃します。しかし守旧勢力たちも、新たな時代を担えるのは自分たちではないという自覚があり、地位を譲ったのも事実です。

佐々木　「老害」という言葉はいい言葉ではないですが、彼らとどう折り合いをつけるかというのは、国を変えるためには大事なテーマですよね。

伊東　世界に目を向けても、ロシアや中国といった権威主義国家は、高齢者が権力を握っています。それ自体は悪いことではないのですが、彼らは彼らが培ってきた価値観でしか生きられないところに問題があります。つまり彼らにとって大切なのは「領土を拡張したい」という十九世紀の価値観です。なぜそうなるのかというと、結局、人は子供の頃に受けた教育から脱却していくのが難しいからです。教育とは恐ろしいものです。それでも今は、そうした過去の価値観を清算する時代に入ったという見方もできます。

佐々木　その人たちを幸せにする方法は……歴史から導き出されるような（笑）。

伊東　難しいですね。明治維新の時の守旧勢力たちのような諦めが肝心なのですが、権力の魔に魅入られた者たちにとっては、権力を手放せば滅ぼされるだけなので、容易には手放せません。彼らにしてみれば「せっかく苦労してここまで上り詰めたのだから、権力を手放せるか」

といったところでしょう。

佐々木　そう考えると、上の世代の方がトップを占めている場所で偉くなろうとしたら戦うことになるので、そういう方がいない、新しい土地で土地を開墾して、そこで名を挙げて等しい立場になった時に、喧嘩せずに一緒に手を取りましょう、世の中面白くしていきましょうとなると、いいかもしれませんね。

伊東　もしくは、「あなたはもうすぐ引退ですね。僕は起業しますから、出資しませんか。役員をやめた後でも充実した人生が送れますよ」と誘ってみるとか。

佐々木　顧問に来てくださいとか、社外取締役に来てくださいとか、新しくその方々が何か躍動できるような場所や機会を提供したりしたら喜ばれますね。

伊東　ある程度のポジションや名誉はある地位を用意すれば、たいした給料を出さなくても、その人たちは満足します（笑）。

佐々木　スタートアップも、上の世代の偉い方々に顧問になっていただくようなマッチングをやった方がいいですね。

伊東　旧世代を馬鹿にしては駄目だし、リスペクトして、うまく利用するとよいと思います。家康も天下を取ってから、織田家、今川家、北条家、古河公方《こがくぼう》家などを高家や大名として遇し、長年のライバルである武田家でさえ残そうとしています。小さくても旧勢力を残すことで、自分の評判が高くなるだけでなく人心が落ち着き、天下も安定すると思っていたのでしょうね。

佐々木　家康はそれがうまかったということですね。明治維新の時も最初は公家をちゃんと立てるとか。そこは英雄たちから学ぶところですよね。

伊東　その通りです。これからの時代は、旧世代と新世代とのマッチングが、より進むのではないでしょうか。

偉大なリーダーがいない時代

佐々木　日露戦争までは、日本にもいいリーダーはいましたね。

伊東　いましたね。名前を挙げればきりがないほどです。

佐々木　先ほども触れましたが、明治時代までは偉大なリーダーがいたにもかかわらず、なぜ昭和にかけていなくなったのでしょう。一個人ではどうしようもできないぐらいの歴史のうねりで、そういった人物も時代の波に押されてしまったということでしょうか。

伊東　日露戦争の頃までは、英雄、偉人、元勲といった個が国家をリードできる時代だったと思います。それからは陸軍も海軍も組織化が進み、個が埋没し、組織や派閥の利益が優先されるようになっていく。つまり陸軍では皇道派と統制派、海軍では艦隊派と条約派といった派閥の論理が優先されます。それが高じて米国と開戦という考えられない暴挙に至るわけです。個の恐ろしさは独裁者となる可能性ですが、日本の場合、組織や派閥による責任者不在の決定の方が恐ろしい結果を招いてしまったわけです。

佐々木　アメリカとの戦争の決断に至った構造というか、そこが一番の問題ということですね。
伊東　最大の問題ですね。大隈重信や原敬がいれば何とか阻止した気もしますが、歴史にイフはありませんからね。大隈は寿命なので仕方ありませんが、私は原敬の暗殺が残念でなりません。原敬には政治家としての毀誉褒貶が付きまとっていますが、「西にレーニン、東に原敬」と言われたほどの大政治家で、徹底したリアリストです。国際協調路線を唱える原敬が、これから欧米との軍縮に臨むといった場面で殺されるのは無念の極みです。その死によって、日本は実質的な軍部支配の国になり、国家の盛衰をかけた大戦争へと突き進んでいきます。
佐々木　大政治家がいない、誰が決断しているかわからない状態になった時に、国がよくわからない方向に向かうという状況は、最近の三十年も同様ですね。
伊東　似ていますね。もう派閥政治が腐りきっているのに、権力や権益を持つ者はそれを手放せない。彼らにしてみれば、「ここまで上の人にぺこぺこしてきて、やっと手に入れた権力だ。簡単に手放せるか。これからは俺のやりたいようにやる」といったところでしょう。
佐々木　会社に当てはめても同じような事態が見られますね。オーナー社長や強いリーダーがいなくなると、みんなが勝手に新規事業を始めて、それを止める人もいなくなるんですよ。
伊東　一方で、オーナーが力を入れた肝いり事業に勝算がなくても、それを諫言したら窓際にされてしまうから、致し方なく進めてしまうということもあります。
佐々木　そうなってしまったらどうすればいいんですかね。そういう企業をたくさん見てきたんですよね。自分もどうしたらいいんだろうと考えてしまいます。日本の中小企業は、オーナー企業で傍若無人にやってる企業が多く、大企業は誰が決めてるかわからないという、この2パターンばかりですよね。それが日本を病ませているというか……。

伊東　全く同感です。組織が小さければオーナーの独断専行。組織が大きくなれば責任者不在で不採算事業を継続というパターンが、そこら中に見られます。日本が国際的な競争力を失った要因の一つは、そこにあります。

佐々木　大企業側がやるべきことは、もっと強いリーダーが出る、またリーダーをガバナンスして、その人が駄目ならすぐに代える構造、仕組みでしょうか。これは中小企業も同じですが。

伊東　社内でリーダーを作るのが難しいなら、事業責任者以上を外部から招けばよいんです。いわゆる経営や事業のスペシャリストですね。こうした企業や事業はほとんどうまくいっています。なぜかと言えば、リーダーがガバナンスの方法を知っているからです。そうした人に一億や二億の年俸を与えても、それ以上の見返りがあるので、株主も文句を言わないものです。

日本人のための「リーダーのリーダー学」

佐々木　私も会社の経営をしたり、企業社会を考えたりする時に、今の日本で一番ないものって、リーダーのリーダー学だと。明治維新の時代は、武士が、海外からいろんなものを学んで帰ってきて、彼らはリーダーという意識を持っていました。その頃は、西洋におけるノブレス・オブリージュや、武士道も生きていた。渋沢栄一の『論語と算盤《そろばん》』や、武士の魂で商人としての才能を磨くという「士魂商才」もいい言葉だと思いますが、そうしたリーダーの美学、倫理のようなものが今の日本には一番欠けているのではないかとも感じるのです。ＳＤＧｓはもちろん人類が達成すべき大事な目標ですが、日本人のリーダーや経営者が何か倫理として持っておく精神とは何なのか、今後何を魂、心に入れていけばいいのか、歴史から学べることはないのかなと。

伊東　近年は、自己の利益ではなく他人のためにという「利他」の精神が求められていますね。

佐々木　利他の精神を言語化しているのは新渡戸稲造《にとべいなぞう》の『武士道』ですね。ただ、経営者の皆さんも「利他」が大事だとよく仰るんですが、歴史上に根付いた、日本人にとっての利他の柱とは何なのでしょうか。自分が決断を迫られて、何のためにこれをしなければいけないんだろうかと考えた時に、人間、基本は自分、せいぜい家族レベルでしか考えられませんよね。その考えられるレベルがもっと広くなって、日本国家のためとか、しかも今生きてる人たちのためだけじゃなく、先祖とか、自分の子供の世代のためとか、そこまで日本のリーダーは考えることができるのか。そして、それを言っても嘘っぽくなくできるためには何が必要なのか……。将軍として有能だったかどうかは諸説あるとしても、日露戦争の乃木将軍はそれを考えていましたね。まさに日本国家を守るためという大義がありましたし、それは嘘っぽくなかった。だから国民もあれだけ支持をしたのでしょうね。

伊東　乃木さんは、軍人としては決して有能とは言えませんが、人望人格共に素晴らしいものがありました。彼は軍人よりも教育者に向いていました。乃木さんのことはさておき、これからのリーダーにとって大切なのは、「利他の旗印を掲げつつ、自分の事業の利益を最大化すること」です。「そんな難しいことを簡単に言うな」というご指摘は甘んじて受けますが、「理想を求めなくて何のための事業か」と申し上げたい。そうした高い志を常に忘れずにいることが、経営者や事業責任者の理想だと思います。

新しい時代の経営者とは

佐々木　日本の戦後教育はリーダーシップをとるというよりも、皆で仲良く系じゃないですか。強いリーダーが生まれない教育はしてきましたね。

伊東　そうなんです。リーダーとは何かを社員教育で教えていない。これは経済成長が止まり、ポストが少なくなってから助長されています。私がいた日本アイ・ビー・エムでさえ、出世コースから外れた一般社員が、こうした教育機会をもらうことはありませんでした。私の場合、自負心が強かったので、「だったら見ていろ」とばかりに会社を飛び出したのですが、教育制度の整った日本アイ・ビー・エムで本場のリーダー教育を受けたかったですね。それはさておき、日本の企業風土は欧米以上に機会均等を尊重するので、誰もが同じ教育を受けられる代わりに、エリートを選出して特別な教育を施すことはまれです。今は大谷翔平選手みたいな自分流を貫く人も出てきましたが、結果を出しているので誰も文句は言いません。昔も落合博満選手のような俺流を貫く選手がいましたが、いくら結果を出しても、マスコミから叩かれていましたね。私は大谷選手と同じ花巻東高校出身の菊池雄星投手と対談したことがありますが、同校の佐々木洋監督は独自の教育理論を持っていて、マンダラチャートなるものを使って生徒に考えさせるんです。例えば、カーブが甘く入ってしまうのをどうすれば是正できるのか、配球をどうしたらいいかというのを、すべてチャートから考えるわけです。この論理的思考法が凄いんです。マンダラチャートは野球選手としてだけでなく、人間的にも成長ができる教育法です。これについては菊池選手の著書『メジャーをかなえた雄星ノート』（文藝春秋刊）に詳しく書かれているので、ぜひ読んでほしいですね。

佐々木　大谷選手は利他の精神もすごくありますね。ゴミが落ちていたら率先して拾っていますし、非常に人間味豊かな人物です。大谷選手には、いろんなヒントがあるかもしれませんね。投資家の藤野英人《ふじのひでと》さんがおっしゃっていたのは、ＳＧＤｓ教育の良い点は、子供たちに自律的に問題解決を考えさせることができるということだそうです。私も小学生や中学生が参加する起業家コンテストの審査員をやらせてもらっているのですが、とてもレベルは高いですね。自分で考えて、解決するという思考は生まれてきてますよね。

伊東　藤野英人さんとも対談したことがありますが、考え方が柔軟ですね。やはり大切なのは、押しつけるのではなく何事も自分で考えることです。そのためには考えるための材料が必要です。つまり過去のデータですね。それが歴史上にちりばめられた教訓なんです。誰か忘れましたが、偉人の言葉に「若者は海外へ雄飛せよ。我々老人は川をさかのぼって収穫を若者に渡す」というものがあります。つまり「老人は歴史をさかのぼって得た教訓を若者に伝えるので、若者はそれを糧にして世界で戦ってほしい」という意味です。

佐々木　それをまさに実践しているのがエンジェルスの大谷選手ですね。そういう人がどんどん出てくれれば、日本も自然と良い方向に行くと思います。ここまでのお話でヒントがすごく何か見えてきた気がします。今時代としては、幕末によく似ていて、古い価値観が外圧によって破られようとしているので、その中で世界の最先端に学びながら、利他の心を持ってしっかり挑戦していけば、チャンスが開かれる時代は来ている。歴史の英雄から学んで、経営力を磨くには本当にいい時代が来たとも言えるということですね。チャットGPTが発達してくると、例えば大隈重信の過去のすべての発言や彼に関するデータベースが作れるでしょうから、それで相談できるようにしたいですね。

伊東　大隈は常に急進的ですから、何でも「すぐにやれ」という答えになるかもしれません。家を抵当に入れて事業を興せとか、平気で言いそうです（笑）。私は聖徳太子とチャットしたいですね。でも彼も急進的なので、バランスの取れた伊藤博文あたりがいいんじゃないでしょうか。

佐々木　歴史の偉人の英雄チャットボットいいですね。

伊東　かなり面白いと思います。英雄とチャットして自動的にピボットできるわけですから。でも、まだそれができる時代ではありませんね。それまでは本を読むことでピボット力をつけるしかありません。繰り返しになりますが、歴史を知識として終わらせるのでなく、そこから得られる教訓をいかに自分事にピボットして引き寄せられるかが大切です。昭和の読者は本をよく読んでいたので、論理構築力を駆使し、歴史上の教訓を自分事にピボットできました。しかし今の若者は読書量が足らないので、論理構築力が足りないところがあるかもしれません。だからこそ私のような者が、本書のような形で歴史の教訓をまとめて伝えていく努力をしていかねばならないと思っています。

佐々木　海外の例ばかり学びすぎかもしれないですね。ビル・ゲイツや、マーク・ザッカーバーグがどうだとか、絶対学んだ方がいいけれど、それだけだとちょっと風土が違うところもありますし。海外の最先端事例と日本の歴史の事例等を組み合わせながら、自分の血肉にしていけるといいですね。いい意思決定と人生の選択ができそうです。

伊東　その通りですね。今回は、日本の進むべき道を示唆するような実り多きお話ができて幸いでした。ありがとうございました。

佐々木　こちらこそ多くの貴重なお話をしていただき、ありがとうございました。

佐々木紀彦

ＰＩＶＯＴ株式会社代表取締役社長ＣＥＯ。１９７９年福岡県生まれ。慶應義塾大学総合政策学部卒業、スタンフォード大学大学院で修士号取得（国際政治経済専攻）。東洋経済新報社で自動車、ＩＴ業界などを担当。２０１２年「東洋経済オンライン」編集長に就任。14年ユーザベースに転職し、ＮｅｗｓＰｉｃｋｓ創刊編集長に就任。15年ＮｅｗｓＰｉｃｋｓ取締役に就任。18年にＮｅｗｓＰｉｃｋｓ Ｓｔｕｄｉｏｓを設立し、代表取締役社長ＣＥＯに就任。21年経済コンテンツサービスを手掛けるＰＩＶＯＴ株式会社を創業し現職。著書に『米国製エリートは本当にすごいのか？』（東洋経済新報社）、『日本３．０』（幻冬舎）、『編集思考』（ＮｅｗｓＰｉｃｓパブリッシング）、『起業のすすめ　さよなら、サラリーマン』（文藝春秋）などがある。ビジネス映像メディア「PIVOT」https://pivotmedia.co.jp/

【主要参考文献】

下記はあくまで主要参考文献です。なお織田信長、豊臣秀吉、徳川家康の三人に関しては、参考文献が多いため、割愛させていただきます。

第一回　蘇我馬子

ミネルヴァ日本評伝選『蘇我氏四代　臣、罪を知らず』遠山美都男　ミネルヴァ書房
『蘇我氏四代の冤罪を晴らす』遠山美都男　学研新書
『蘇我氏の古代』吉村武彦　岩波新書
『聖徳太子』吉村武彦　岩波新書
『蘇我氏　古代豪族の興亡』倉本一宏　中公新書
『謎の豪族　蘇我氏』水谷千秋　文春新書

第二回　白河上皇

『院政　もうひとつの天皇制』美川圭　中公新書
『白河法皇　中世をひらいた帝王』美川圭　角川ソフィア文庫
『日本の歴史5　王朝の貴族』土田直鎮　中公文庫
『荘園　墾田永年私財法から応仁の乱まで』伊藤俊一　中公新書
『上皇の日本史』本郷和人　中公新書ラクレ
『摂関政治　〈シリーズ日本古代史6〉』古瀬奈津子　岩波新書

第三回　平清盛

『平清盛』人物叢書　五味文彦　吉川弘文館
『平家の群像』　安田元久　はなわ新書
『平清盛の闘い　幻の中世国家』　元木泰雄　角川書店
『平清盛　福原の夢』　髙橋昌明　講談社選書メチエ
『謎とき平清盛』本郷和人　文春新書
『変貌する清盛「平家物語」を書きかえる』歴史文化ライブラリー315　樋口大祐　吉川弘文館
『平清盛と平家政権　改革者の夢と挫折』伊東潤　朝日文庫

第四回　源頼朝

『源頼朝　武家政治の創始者』　元木泰雄　中公新書
『源頼朝と鎌倉』　坂井孝一　吉川弘文館
『源頼朝』永原慶二　岩波新書
『頼朝の天下草創　日本の歴史09』山本幸司　講談社
『源頼朝と鎌倉幕府』　上杉和彦　新日本出版社
『源氏将軍断絶　なぜ頼朝の血は三代で途絶えたか』坂井孝一　ＰＨＰ新書
『日本の歴史7　鎌倉幕府』石井進　中公文庫

第五回　日野富子

『経済で読み解く日本史1　〈室町・戦国時代〉』文庫版　上念司　飛鳥新社

『日本史に学ぶマネーの論理』飯田泰之　ＰＨＰ研究所
ミネルヴァ日本評伝選『日野富子　政道の事、輔佐の力を合をこなひ給はん事』田畑泰子　ミネルヴァ書房
『日野富子　闘う女の肖像』吉村貞司　中公新書
『応仁の乱と日野富子　将軍の妻として、母として』小林千草　中公新書
『応仁の乱　戦国時代を生んだ大乱』呉座勇一　中公新書
『陰謀の日本中世史』呉座勇一　角川新書
『戦国誕生　中世日本が終焉するとき』渡邊大門　講談社現代新書
『日本の歴史10　下剋上の時代』永原慶二　中公文庫
『関所で読みとく日本史』河合敦　ＫＡＷＡＤＥ夢新書

第六回　織田信長
第七回　豊臣秀吉
第八回　徳川家康

第九回　荻原重秀
『勘定奉行荻原重秀の生涯　新井白石が嫉妬した天才経済官僚』村井淳志　集英社新書
『通貨の日本史　無文銀銭、富本銭から電子マネーまで』高木久史　中公新書
『佐渡金山』磯部欣三　中公文庫
『折りたく柴の記』新井白石著　桑原武夫訳　中公クラシックス

『新井白石』人物叢書　宮崎道生　吉川弘文館

第十回　田沼意次

ミネルヴァ日本評伝選『田沼意次　御不審を蒙ること、身に覚えなし』藤田覚　ミネルヴァ書房
『田沼意次「商業革命」と江戸城政治家（日本史リブレット人052）』深谷克己　山川出版社
『田沼意次の時代』大石慎三郎　岩波現代文庫

第十一回　大久保利通

『大久保利通「知」を結ぶ指導者』瀧井一博　新潮選書
『大久保利通　維新前夜の群像5』毛利敏彦　中公新書
『明治六年政変』毛利敏彦　中公新書

第十二回　大隈重信

『大隈重信（上）「巨人」が夢見たもの』伊藤之雄　中公新書
『大隈重信（下）「巨人」が築いたもの』伊藤之雄　中公新書
『知られざる大隈重信』木村時夫　集英社新書
『大隈重信　民意と統治の相克』真辺将之　中公叢書
西日本人物誌18『大隈重信』大園隆二郎　岡田武彦監修　西日本新聞社
『国民リーダー大隈重信』片岡寛光　冨山房インターナショナル

初出
ＷＥＢ映像メディア「ＰＩＶＯＴ」
２０２２年2月1日から２０２２年11月20日まで配信。
デパート新聞
２０２２年1月15日号から連載中（２０２３年6月現在）
単行本化に際し、大幅に加筆修正し、各回の図版・写真、
評価チャートおよび対談「英雄に学ぶビジネスの知恵」を新たに収録しました。

装画／茂本ヒデキチ
装丁／泉沢光雄
図版／ラッシュ

［著者略歴］
伊東 潤（いとう・じゅん）
1960年神奈川県横浜市生まれ。早稲田大学卒業後、外資系企業に長らく勤務後、経営コンサルタントを経て2007年、『武田家滅亡』でデビュー。『黒南風の海――加藤清正「文禄・慶長の役」』で第1回本屋が選ぶ時代小説大賞を、『国を蹴った男』で第34回吉川英治文学新人賞を、『巨鯨の海』で第4回山田風太郎賞と第1回高校生直木賞を、『峠越え』で第20回中山義秀文学賞を、『義烈千秋　天狗党西へ』で第2回歴史時代作家クラブ賞（作品賞）を受賞。近著に幕末・明治の大隈重信の生涯を描いた『威風堂々（上・下）』ほか『天下大乱』『一睡の夢　家康と淀君』『浪華燃ゆ』など。敗者となった日本史の英雄たちの「敗因」に焦点を当て、その人物像に迫るエッセイ『敗者烈伝』がある。

英雄《えいゆう》たちの経営力《けいえいりょく》

2023年7月10日　初版第1刷発行

著　者／伊東 潤
発行者／岩野裕一
発行所／株式会社実業之日本社
〒107-0062
東京都港区南青山6-6-22　emergence 2
電話（編集）03-6809-0473　（販売）03-6809-0495
https://www.j-n.co.jp/
小社のプライバシー・ポリシーは上記ホームページをご覧ください。

ＤＴＰ／ラッシュ
印刷所／大日本印刷株式会社
製本所／大日本印刷株式会社

ISBN978-4-408-53837-2（第二文芸）

◉実業之日本社文庫　好評既刊

敗者烈伝

伊東　潤

信長も光秀も皆敗者だ――〝敗れた英雄〟に学べ！
古代から戦国、幕末・明治まで、日本史上に燦然と輝きを放ち、
敗れ去った英雄たち25人の「敗因」に焦点を当て、
真の人物像、歴史の真相に迫る歴史エッセイ。

実業之日本社文庫